餐饮精细化管理与运营系列

餐饮服务难题应对技巧
餐饮服务的100个小妙招

匡仲潇 主编

化学工业出版社
·北京·

《餐饮服务难题应对技巧——餐饮服务的100个小妙招》一书,从餐饮的本质——服务导入,对于餐饮服务过程中的难题如何应对、破解进行了详细的解读和描述。具体包括规范礼仪、餐前准备、接待服务、点菜服务、菜品销售服务、上菜服务、分菜服务、酒水服务、餐中服务、收银结账服务、顾客服务、顾客投诉处理、常见问题处理和突发事件处理等内容。

本书进行模块化设置,内容实用性强,着重突出可操作性,为服务过程中出现的难题,提供了100个实用的小妙招。本书可供餐饮服务行业的店长、管理人员、服务员进行参照学习,也可作为餐饮培训机构、酒店类职业院校的老师和学生的参考用书。

图书在版编目(CIP)数据

餐饮服务难题应对技巧:餐饮服务的100个小妙招/匡仲潇主编. —北京:化学工业出版社,2020.1
(餐饮精细化管理与运营系列)
ISBN 978-7-122-35196-8

Ⅰ.①餐… Ⅱ.①匡… Ⅲ.①饮食业-商业服务 Ⅳ.①F719.3

中国版本图书馆CIP数据核字(2019)第198191号

责任编辑:陈 蕾　　　　　　　　　　装帧设计:尹琳琳
责任校对:宋 玮

出版发行:化学工业出版社(北京市东城区青年湖南街13号　邮政编码100011)
印　　刷:三河市航远印刷有限公司
装　　订:三河市宇新装订厂
710mm×1000mm　1/16　印张12¾　字数227千字　2020年1月北京第1版第1次印刷

购书咨询:010-64518888　　　　　　　　售后服务:010-64518899
网　　址:http://www.cip.com.cn
凡购买本书,如有缺损质量问题,本社销售中心负责调换。

定　　价:58.00元　　　　　　　　　　　　　　　　版权所有　违者必究

前言
PREFACE

"民以食为天"。长期以来，餐饮业作为第三产业中的主要行业之一，对刺激消费需求、推动经济增长发挥了重要作用，在扩大内需、安置就业、繁荣市场以及提高人民生活水平等方面，都做出了积极贡献。

目前，餐饮业在发展的同时，面临着食品原材料成本上升、劳动力成本提升、管理人才匮乏、成本控制难等多方面问题，行业竞争愈演愈烈。而且，餐饮业务构成复杂，既包括对外销售，也包括内部管理；既要考虑根据餐饮企业的内部条件和外部的市场变化，选择正确的经营目标、方针和策略，又要合理组织内部的人、财、物，提高质量，降低消耗。另外，从人员构成和工作性质来看，餐饮业既有技术工种，又有服务工种；既有操作技术，又有烹调、服务艺术，是技术和艺术的结合。这必然给餐饮管理增加一定的难度。尤其是餐饮业用工成本高、年轻劳动力紧缺，有人预言："至少在未来10年内，餐饮业用工难的问题一直都会存在。"因此，餐饮业的经营者、管理者需要不断优化管理方式，增强团队领导力，凝聚人心，提高管理成效和团队效能，才能抓住机遇，迎接挑战，立于不败之地。

同时，在每天的对客服务中，餐饮企业都会遇到各种各样的问题，还有很多突发事件。虽然服务人员在服务时很小心，但有时仍难免一时疏忽，对客人造成伤害；或者服务人员服务时虽然所做的一切都符合规定，但仍然不能使客人满意。这些都会引起客人的不满和投诉。

在服务客人的过程中，不可能全部听到的是赞美声，遇到客人投诉在所难免。那么作为一名餐饮服务人员，应如何巧妙地应对客人的投诉呢？简单地说，就是提升自己的服务水平，真正了解、安抚客人的情绪，给客人提供建设性的解决方案，对于客人提出来的合理要求，在权限范围内能够处理的尽快处理，如果超出自己权限范围的，要立即上报。

基于此，我们从多年的实战经验中，总结了一套基本的应对思路，编写了《餐饮服务难题应对技巧——餐饮服务的100个小妙招》一书，供读者参考学习。

本书从餐饮的本质——服务导入，分14个章节对餐饮服务过程中的难题如何应对、破解进行了详细的解读和描述。具体包括规范礼仪、餐前准备、接待服务、点菜服务、菜品销售服务、上菜服务、分菜服务、酒水服务、餐中服务、收银结账服务、顾客服务、顾客投诉处理、常见问题处理和突发事件处理等内容。

  本书进行模块化设置,内容实用性强,着重突出可操作性,为服务过程中出现的难题,提供了 100 个实用的小妙招。本书可供餐饮服务行业的店长、管理人员、服务员进行参照学习,也可作为餐饮培训机构、酒店类职业院校的老师和学生的参考用书。

  由于编者水平有限,加之时间仓促、参考资料有限,书中难免出现疏漏与缺陷,敬请读者批评指正。

编 者

目录 CONTENTS

导读　餐饮的本质——服务 1

第 ❶ 章　规范礼仪 5

餐饮行业作为服务行业，主要是面对面为客人提供服务，因此必须掌握相关的礼仪规范，为客人提供优质的服务。一个管理良好的企业，必然在其员工的仪容仪表和精神风貌上有所体现。

妙招1：仪容端庄，稳重大方 6
妙招2：着装规范，整洁美观 7
妙招3：仪态举止，自然得体 9
妙招4：面带微笑，热情待客 13
妙招5：文明用语，有礼有节 14

第 2 章　餐前准备 ········ 21

正所谓"好的开始是成功的一半",充分的餐前准备工作是良好的餐厅服务、高效流畅的餐厅营运工作的重要保证。餐前准备工作不仅能够为服务员后续的服务工作奠定好的基础,而且也能很好地分担服务员在餐中服务过程中的压力。

妙招6:检查卫生,展现形象 ········ 22
妙招7:台布铺设,舒展平整 ········ 23
妙招8:摆放餐具,恰到好处 ········ 25
妙招9:中餐摆台,整齐美观 ········ 27
妙招10:西餐摆台,注重情调 ········ 30

第 3 章　接待服务 ········ 35

优质的接待服务是营造良好的餐厅气氛,实现服务提供者与消费者之间的良性互动的必要条件。因此,餐饮企业要做好顾客的接待工作。

妙招11:电话预订,做好记录 ········ 36
妙招12:来客预订,信息确认 ········ 38
妙招13:客人到店,热情迎宾 ········ 39
妙招14:招呼客人,引客入座 ········ 40
妙招15:根据人数,选用餐桌 ········ 43
妙招16:餐厅客满,如实告知 ········ 43

第 4 章　点菜服务 ……………………………………… 45

周到、热情、切合客人需求的点菜服务能让客人从餐厅服务中感到超值的享受，使客人对餐厅留下深刻的印象，并且可能增加客人在餐厅的消费金额。

妙招 17：客人入座，呈递菜单 …………………………………… 46
妙招 18：菜单含义，解释清楚 …………………………………… 46
妙招 19：熟悉菜品，主动介绍 …………………………………… 49
妙招 20：扫码点餐，提升效率 …………………………………… 50
妙招 21：自助点餐，节省人力 …………………………………… 53

第 5 章　菜品销售服务 …………………………………… 55

俗话说："挣钱不挣钱，全靠炊事员；卖钱不卖钱，全靠点菜员。"如果点菜服务推销到位、点菜有方，对餐饮的销售将十分有利，同时点菜服务的出现对餐厅及时推出创新菜也有帮助。

妙招 22：把握时机，建议推销 …………………………………… 56
妙招 23：多方兼顾，组合推销 …………………………………… 57
妙招 24：妙用语言，描述推销 …………………………………… 60
妙招 25：利用机会，借助推销 …………………………………… 61
妙招 26：现场演示，直观推销 …………………………………… 62
妙招 27：提供方案，多选推销 …………………………………… 63
妙招 28：合理建议，搭配推销 …………………………………… 64

第 6 章　上菜服务 —— 69

上菜服务就是指餐厅服务员将厨师烹制好的菜品传至餐厅，按上菜程序、上菜位置等将菜品送上餐桌，并进行分菜等一系列工作的总称。上菜服务是餐厅服务员必须掌握的基本技能之一。

妙招29：做好准备，等待上菜 —— 70

妙招30：规范操作，讲究礼仪 —— 72

妙招31：中餐上菜，先冷后热 —— 74

妙招32：西餐上菜，先宾后主 —— 76

妙招33：把握时机，灵活上菜 —— 77

妙招34：选好位置，注意方法 —— 79

妙招35：菜肴摆放，讲究造型 —— 80

妙招36：特殊菜肴，特殊奉上 —— 82

第 7 章　分菜服务 —— 85

分菜服务就是在客人观赏完菜肴后由服务人员主动均匀地为客人分菜分汤，也叫派菜或让菜。分菜服务既体现着餐厅服务员的工作态度，又反映出餐厅的服务水平。

妙招37：熟悉工具，合理使用 —— 86

妙招38：准备餐具，展示菜肴 —— 87

妙招39：了解方法，学会操作 —— 87

妙招40：特殊菜肴，特殊分配 —— 88

妙招41：分汤服务，汤料兼顾 —— 89

妙招42：分鱼服务，完整去骨 —— 90

妙招43：分羹服务，食材搭配 —— 91

第 8 章　酒水服务 93

　　酒水服务具有较强的技术性和技巧性，正确、迅速、简洁、优美的酒水服务可以让客人得到精神上的享受，同时会大大提高消费的档次。

妙招44：遵照程序，做好准备 94
妙招45：掌握方法，开启酒水 97
妙招46：把握要领，斟倒酒水 100
妙招47：酒会酒水，保证供应 105
妙招48：中餐宴会，按需斟酒 106
妙招49：西餐宴会，注意搭配 107
妙招50：冷餐宴会，服务及时 109
妙招51：鸡尾酒会，服务周到 110

第 9 章　餐中服务 115

　　餐中服务是服务员作业流程中的重要一环。一名合格的服务员要眼勤手快，及时满足顾客所需，为顾客创造一个舒心、满意的就餐环境。

妙招52：随时观察，更换骨盘 116
妙招53：进餐途中，派送毛巾 117
妙招54：临时加客，及时加位 118
妙招55：看准时机，撤换餐具 118
妙招56：用餐完毕，甜食服务 120
妙招57：食品打包，分门别类 121

第 10 章　收银结账服务 ……… 123

在餐饮业中，收银工作是很重要的一个环节，这项工作直接关系到餐饮企业的服务质量，一旦在收银中出现计多或计少，顾客不仅会对收银人员的工作不满，而且会对餐饮企业的信誉持怀疑态度，从而影响餐饮企业的生意，引来一连串的不良后果。

妙招 58：现金结算，辨别真伪 ……… 124
妙招 59：刷卡消费，核对身份 ……… 125
妙招 60：卡券结算，清晰范围 ……… 128
妙招 61：移动支付，方便快捷 ……… 130
妙招 62：扫码开票，高效便捷 ……… 131
妙招 63：客人离场，防止跑单 ……… 134
妙招 64：账单异议，弄清事实 ……… 136

第 11 章　顾客服务 ……… 139

餐饮企业每天都会接待形形色色的顾客，如老人、小孩、生病客人、残疾客人等，服务人员应根据不同的人群特点，通过观察分析，来掌握顾客的心理，并妥善采用各种不同场合的接待方法，使顾客满意。

妙招 65：残疾客人，热情服务 ……… 140
妙招 66：生病客人，细心服务 ……… 141
妙招 67：老年客人，主动服务 ……… 142
妙招 68：带孩客人，安全服务 ……… 143
妙招 69：挑剔客人，真诚服务 ……… 145
妙招 70：无礼客人，微笑服务 ……… 147

妙招71：邋遢客人，礼貌服务 147
妙招72：急事客人，优先服务 148
妙招73：分单客人，分别服务 149
妙招74：熟人亲友，平等服务 150

第 12 章　顾客投诉处理 151

餐饮服务业是一个需要靠口碑来生存的行业，对于餐厅来说，每天接待大量顾客，难免会遇到顾客投诉，特别是在这个信息畅通的时代，顾客投诉处理稍有不当，就可能会无限发酵，最后对餐厅造成无法弥补的伤害。因此，餐饮企业一定要妥善处理客人的投诉。

妙招75：按照流程，熟练应对 152
妙招76：遵循原则，转危为机 153
妙招77：有条不紊，小事化了 155
妙招78：讲究方法，注意禁忌 158

第 13 章　常见问题处理 161

作为餐厅服务人员，在每天的对客服务中，都会遇到各种问题，服务员要掌握妥善处理这些问题的技巧，以便更好地服务于顾客。同时，要善于把这些事件进行总结与整理，才能使今后再遇到类似事件时不会手忙脚乱、不知所措。

妙招79：顾客催菜，查对催促 162
妙招80：久未上菜，取得谅解 163

妙招 81：食品加工，酌情处理 ⋯⋯⋯⋯⋯⋯⋯⋯⋯⋯⋯⋯⋯⋯⋯⋯⋯⋯⋯⋯⋯ 164

妙招 82：要求陪酒，婉转拒绝 ⋯⋯⋯⋯⋯⋯⋯⋯⋯⋯⋯⋯⋯⋯⋯⋯⋯⋯⋯⋯⋯ 166

妙招 83：损坏物品，提出赔偿 ⋯⋯⋯⋯⋯⋯⋯⋯⋯⋯⋯⋯⋯⋯⋯⋯⋯⋯⋯⋯⋯ 167

妙招 84：偷拿餐具，巧妙解决 ⋯⋯⋯⋯⋯⋯⋯⋯⋯⋯⋯⋯⋯⋯⋯⋯⋯⋯⋯⋯⋯ 168

妙招 85：代管物品，事先说明 ⋯⋯⋯⋯⋯⋯⋯⋯⋯⋯⋯⋯⋯⋯⋯⋯⋯⋯⋯⋯⋯ 169

妙招 86：汤汁溅身，真诚道歉 ⋯⋯⋯⋯⋯⋯⋯⋯⋯⋯⋯⋯⋯⋯⋯⋯⋯⋯⋯⋯⋯ 170

妙招 87：菜有异物，立即换新 ⋯⋯⋯⋯⋯⋯⋯⋯⋯⋯⋯⋯⋯⋯⋯⋯⋯⋯⋯⋯⋯ 172

妙招 88：口味不对，分别对待 ⋯⋯⋯⋯⋯⋯⋯⋯⋯⋯⋯⋯⋯⋯⋯⋯⋯⋯⋯⋯⋯ 173

妙招 89：菜品凉了，耐心解释 ⋯⋯⋯⋯⋯⋯⋯⋯⋯⋯⋯⋯⋯⋯⋯⋯⋯⋯⋯⋯⋯ 174

妙招 90：出言不逊，以礼相待 ⋯⋯⋯⋯⋯⋯⋯⋯⋯⋯⋯⋯⋯⋯⋯⋯⋯⋯⋯⋯⋯ 175

第 14 章　突发事件处理 ⋯⋯⋯⋯⋯⋯⋯⋯⋯⋯⋯⋯⋯⋯⋯⋯⋯⋯⋯⋯⋯⋯⋯⋯⋯ 177

　　突发事件也就是突然发生的事情：一是事件发生、发展的速度很快，出乎意料；二是事件难以应对，必须采取非常规方法来处理。餐厅作为一个公共场合，人来人往，难免会出现一些突发事件，这时候就需要餐厅服务人员第一时间出面机智地解决。

妙招 91：突遇检查，积极配合 ⋯⋯⋯⋯⋯⋯⋯⋯⋯⋯⋯⋯⋯⋯⋯⋯⋯⋯⋯⋯⋯ 178

妙招 92：突接大单，立即准备 ⋯⋯⋯⋯⋯⋯⋯⋯⋯⋯⋯⋯⋯⋯⋯⋯⋯⋯⋯⋯⋯ 178

妙招 93：媒体曝光，危机公关 ⋯⋯⋯⋯⋯⋯⋯⋯⋯⋯⋯⋯⋯⋯⋯⋯⋯⋯⋯⋯⋯ 180

妙招 94：突然停电，备用应急 ⋯⋯⋯⋯⋯⋯⋯⋯⋯⋯⋯⋯⋯⋯⋯⋯⋯⋯⋯⋯⋯ 182

妙招 95：突发斗殴，及时制止 ⋯⋯⋯⋯⋯⋯⋯⋯⋯⋯⋯⋯⋯⋯⋯⋯⋯⋯⋯⋯⋯ 183

妙招 96：醉酒闹事，冷静处理 ⋯⋯⋯⋯⋯⋯⋯⋯⋯⋯⋯⋯⋯⋯⋯⋯⋯⋯⋯⋯⋯ 184

妙招 97：突遇盗抢，帮助查找 ⋯⋯⋯⋯⋯⋯⋯⋯⋯⋯⋯⋯⋯⋯⋯⋯⋯⋯⋯⋯⋯ 186

妙招 98：意外受伤，紧急处理 ⋯⋯⋯⋯⋯⋯⋯⋯⋯⋯⋯⋯⋯⋯⋯⋯⋯⋯⋯⋯⋯ 186

妙招 99：突然病倒，保持镇静 ⋯⋯⋯⋯⋯⋯⋯⋯⋯⋯⋯⋯⋯⋯⋯⋯⋯⋯⋯⋯⋯ 188

妙招 100：发生火灾，立即疏散 ⋯⋯⋯⋯⋯⋯⋯⋯⋯⋯⋯⋯⋯⋯⋯⋯⋯⋯⋯⋯ 189

导读 餐饮的本质——服务

餐饮服务难题应对技巧——餐饮服务的100个小妙招

都说产品和服务是餐饮行业两个系统支撑，但并不是每个餐饮人都知道要如何做好服务，更有大部分餐饮人把服务和产品结合了起来。其实，服务与产品销售没有关联，也不是拿来弥补不足的，而是给顾客创造意外惊喜的，如果它不是创造意外惊喜，就不能称之为服务。

一、餐饮服务的重要性

随着我国社会主义市场经济的繁荣发展，餐饮企业之间的竞争越来越激烈，服务也成为扩大销售、争夺市场、提高效益的重要手段。服务是企业文化、企业内在品质、企业员工素质生动而无可替代的展示，服务将在很大程度上决定着竞争的胜负。具体来说，餐饮服务的重要性体现在如图0-1所示的4个方面。

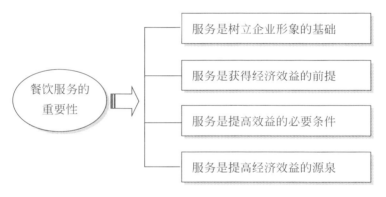

图0-1　餐饮服务的重要性

1. 服务是树立企业形象的基础

餐饮业的服务是企业无数细微工作的综合表现，为广大消费者提供优质服务是餐饮业的基本职责。每一位消费者都有可能成为企业的"活广告"，因此，服务的态度和水平、服务的技巧和能力都将成为企业对外树立形象的基础。

2. 服务是获得经济效益的前提

企业的经济效益会受到企业经营要素的影响。服务质量作为一项重要的经营要素，直接影响着企业经济效益的实现。餐饮企业只有制订出符合市场需要的、切实可行的服务计划，才可能获得理想的经济效益。因此，没有服务，餐饮业就不能经营，就没有效益；没有优质的服务，就没有更高的经济效益。我们必须随着社会环境的变化，适时地寻找企业新的优质服务项目，转变服务方式，这是获得经济效益的前提。

3.服务是提高效益的必要条件

餐饮经营离不开服务,服务决定着经营的成败。同样的菜品、同样的价格、同样的环境,但服务不一样,最终产生的结果就不同。好的服务会给企业带来巨大的经济效益,显示了经营依存于服务之中的特性。服务工作的好坏,已严重影响了企业的经济效益,经营者必须有为公众服务的策略,去争取更多的顾客。因此,服务是提高效益的必要条件。

4.服务是提高经济效益的源泉

服务是特殊的消费品。在直接为消费者提供服务的工作中,服务员的工作不仅反映本人的业务素质和精神面貌,而且反映着整个企业的管理水平。一些经济效益好的餐饮企业,尤其重视优质服务工作,把服务视为效益的源泉,在业务活动中努力做到服务工作制度化、服务用语规范化、服务方式程序化、服务项目系统化、服务标准条理化,并取得了较好的经济效益。

二、餐饮服务的标准

餐厅服务既是标准化服务、个性化服务,更是细节服务、贴心服务,餐厅服务是餐厅有形产品的重要补充和平衡,是顾客对餐厅的关注焦点之一。良好的餐饮服务,应达到如图0-2所示的标准。

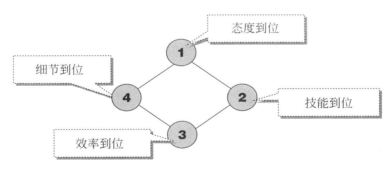

图0-2 餐饮服务的标准

1.态度到位

客人到餐饮店用餐,自然希望能够得到好的服务,他所接触的服务人员的态度在很大程度上会影响着他对整个餐饮店服务的印象,并成为他评价餐饮店服务质量的重要因素。态度到位要求所有直接面对客人服务的人员重视客人、尊重客人,充分了解客人的心态和需求,想客人所想,帮客人所需。

2. 技能到位

服务到位仅有态度还不够，还必须有技能技巧作保障。技能技巧体现于服务的各个方面和各个环节，不同岗位既有共性的要求，如沟通能力、协调能力、投诉处理能力、语言表达能力、预见能力、记住客人的能力等，也有个性的要求，如餐厅服务员的点菜能力、分菜能力、对食品营养的解释能力，以及面对消费者疑问是否能很好地解答等能力。有了这些能力，服务人员在服务时才能较好地满足客人所期望的基本要求，从而使服务到位在实际工作当中得到有效落实。

3. 效率到位

效率到位在很大程度上体现于服务人员对服务节奏的把握上。随着人们生活节奏的加快，餐饮店服务都在强调速度快、效率高，以减少客人等待时间，提高客人满意度。但服务节奏的快慢也要根据客人的实际要求来进行调整。

4. 细节到位

高质量的餐饮服务都非常关注细节，细节到位往往能给客人留下深刻的印象，为客人口口相传打下良好的基础。

比如，确定客人中有人过生日时，可以送上一个小蛋糕或赠送一份甜点，带上温馨的祝福，这些都是细节到位的表现。

看似容易的细微的主动服务，往往被忽略而失去服务机遇。对服务人员来说，要抓住细微的主动服务时机，首先要"心到"，即心中想着顾客；其次是"眼到"，从顾客的一举一动中发现顾客的特殊需求；"眼到"后不能"事不关己，高高挂起"，而要做到"手到"，急顾客所急，千方百计把顾客的需求化为实际的行动，化解顾客的急难，为客人口口相传打下良好的基础。

第1章 规范礼仪

餐饮服务难题应对技巧——餐饮服务的100个小妙招

导言

餐饮行业作为服务行业，主要是面对面为客人提供服务，因此必须掌握相关的礼仪规范，为客人提供优质的服务。一个管理良好的企业，必然在其员工的仪容仪表和精神风貌上有所体现。

妙招1：仪容端庄，稳重大方

餐饮服务人员的仪容不仅体现出其个人素质，而且反映出餐饮企业的精神风貌，所以服务员必须具备良好的仪容。对于餐饮企业的员工来说，应注重哪些仪容礼仪呢？具体要求如下。

一、容貌

服务员的容貌需端庄、大方，精神饱满，表情自然，不带个人情绪。

女服务员应面着淡妆，不用有浓烈气味的化妆品，不用颜色夸张的口红、眼影、唇线；口红脱落时要及时补装。

男服务员每日上班前应刮脸修面，保持脸部干净整洁。

> **小提示：**
>
> 服务员宜淡妆不宜艳抹，淡雅自然是淡妆所必须坚持的原则，即在自然容貌的基础上略加修饰，使宾客感到有活力。

二、头发

服务员头发整齐、清洁，不可染色，不得披头散发。男服务员头发后不盖领、侧不盖耳。女服务员头发后不过肩、前不盖眼，短发前不及眉、旁不及耳、后不及衣领，长发刘海不过眉，过肩要扎起，不得使用夸张耀眼的发夹。

三、手

男、女服务员皆不能留长指甲，指甲长度以不超过手指头为标准，不准涂有色指甲油，经常保持清洁，除手表外，不允许佩戴任何首饰。

四、清洁

服务员应保持头发、皮肤、牙齿、手指的清洁和口腔气息的清新。要勤理发、洗头、修面，勤洗澡、更衣，勤剪指甲，勤洗手；可适当用除臭剂或没有刺鼻气味的香水。餐厅管理人员每日上班前要检查员工仪容仪表，如图1-1所示。

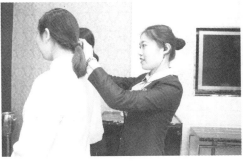

图1-1　检查员工的仪容仪表

妙招2：着装规范，整洁美观

规范、整洁、得体的着装，是餐饮服务人员仪表的重要内容，也是衡量餐饮企业等级、服务水准的重要依据。那么，餐饮企业应该如何规范员工的着装呢？具体要求如下。

一、服饰

餐饮服务人员的服装应适时换洗，衣领、袖口要保持干净，烫平，不许有污渍。

二、铭牌

餐饮服务人员的铭牌要统一印制，并佩戴在规定的部位上（一般以左胸为佳）。

三、首饰

首饰佩戴应尽量简朴，一般不得佩戴豪华昂贵的首饰，以免在服务时伤害客人的自尊；若是结婚戒指或亲人所馈赠的有纪念意义的首饰，需经上级同意方可佩戴。餐饮服务人员一般只可佩戴手表和结婚戒指。

四、领带

领带是"服饰的灵魂"。不少餐饮企业对不同层次的管理人员的领带颜色均有规定。领带要按规定系好,其长度以系好后大箭头垂至裤腰为宜。

五、领结

领结有平型领结、温莎式领结、中式领带结或蝴蝶结。餐饮服务人员一般要系用餐饮企业统一规定的领结。

六、鞋

餐饮服务员穿的鞋一般应是素雅、端庄、体面、大方的黑色布鞋或皮鞋。鞋应保持清洁。女性服务员要穿平稳的黑色皮鞋,不可穿细跟的高跟皮鞋。

七、袜

袜子具有衔接裤子和鞋的作用,其颜色一般应与裤子、鞋同颜色或颜色相近;若深色袜子侧面绣有花纹的,花纹也应是深色的,穿着带有浅色或鲜艳颜色花纹的袜子,会显得轻浮。

服务人员统一着装如图1-2所示。

图1-2　服务员统一着装

妙招3：仪态举止，自然得体

服务员是餐饮企业的门面，更是餐饮企业的活广告，其一言一行代表了企业的形象。那么，餐饮企业对服务员的举止仪态都有哪些要求呢？具体要求如下。

一、站姿要求

站姿是餐厅服务员的基本功之一。"站如松"是说人的站立姿势要像青松一般端庄挺拔。站姿的基本要求是：站正，自然亲切，稳重。其具体要领如图1-3所示。

要领一	身体舒展直立，重心线穿过脊柱，落在两腿中间，足弓稍偏前处，并尽量上提
要领二	精神饱满，面带微笑，双目平视，目光柔和有神，自然亲切
要领三	脖子伸直，头向上顶，下腭略回收
要领四	挺胸收腹，略为收臀
要领五	双肩后张下沉，两臂于裤缝两侧自然下垂，手指自然弯曲，或双手轻松自然地在体前交叉相握
要领六	两腿肌肉收紧直立，膝部放松；女性站立时，脚跟相靠，脚尖分开约45°，呈"V"字形；男性站立时，双脚可略为分开，但不能超过肩宽
要领七	站累时，脚可向后撤半步，身体重心移至后脚，但上体必须保持正直

图1-3　标准站姿要领

> **小提示：**
>
> 礼貌的站姿，给人以舒展俊美、积极向上的好印象。餐厅服务员上岗时，站姿一定要规范，特别是在隆重、热烈、庄重的场合，更要一丝不苟。

二、走姿要求

走姿是站姿的延续动作，是在站姿的基础上展示人的动态美。规范的走姿以端正的站姿为基础，具体要求见表1-1。

表1-1 走姿要求

序号	类别	基本要求
1	控制重心	（1）行走时，身体的重心向前倾3°～5°，抬头，肩部放松，上身正直，收腹、挺胸，眼睛平视前方，面带微笑，手臂伸直放松，手指自然微弯，两臂自然地前后摆动，摆动幅度为35厘米左右，双臂外开不要超过30° （2）行走时，重心落在双脚掌的前部，腹部和臂部要上提，同时抬腿，注意伸直膝盖，全脚掌着地；后脚跟离地时，要以脚尖用力蹬地；脚尖应指向前方，不要左歪或右偏，以免形成八字脚
2	步速适中	步速适中，以一分钟为单位，男服务员应走110步，女服务员应走120步，较好的步速反映出服务员积极的工作态度，是客人乐于看到的
3	步幅	对服务员来说，一般要求步幅不能过大，步幅过大，人体前倾的角度必然加大。男服务员的步幅以40厘米左右为宜，女服务员的步幅以35厘米左右为宜
4	挺胸	挺胸时，绝不是把胸部硬挺起来，而是从腰部开始，通过脊骨到颈骨尽量上挺，这样就自然会显出一个平坦的腹部和比较丰满的胸部
5	并肩或多人行走	两人并肩行走时，不要用手搭肩；多人一起行走时，不要横着一排，也不要有意无意地排成队形
6	靠右侧行	餐饮服务人员在行走时，一般靠右侧；与客人同走时，应让客先行（咨客引座及接待员除外）；遇通道比较狭窄，有客人从对面走来时，服务员应主动停下来靠在边上，让客人通过，但切不可把背对着客人
7	超越客人时	遇有急事或手提重物需超越行走在前的客人时，应彬彬有礼地征得客人同意，并表示歉意
8	脚步灵活	走路脚步灵活，"眼观六路"（并不是东张西望），要注意停让转侧，勿发生碰撞，做到收发自如。如手托有物品时，急停时要顺手前伸再收回，以缓冲惯性，不使物品脱离托盘前飞
9	保持好心情	走路姿势与心情有关，心理学家认为，低垂着头，双肩晃动和驼背，表示此人精神不振、消极自卑。因此要使自己对事业和生活充满信心与乐趣，你走起路来也会精神百倍，富有活力

三、坐姿要求

作为服务员，以坐得文雅自如为上。其要求如图1-4所示。

要领一	头要正，颈要直，双目平视前方，或注视对方，嘴微闭，面带微笑
要领二	身体自然坐直，挺胸收腹，腰背挺直
要领三	双腿并拢，小腿与地面垂直，双膝和两脚跟并拢
要领四	双肩放松下沉，双臂自然地弯曲内收
要领五	双手呈握指式，右手在上，手指自然弯曲，放在腹前双腿上或座位扶手上

图1-4　标准坐姿要领

小提示：

女士坐在椅子上时只可坐满椅子的2/3，脊背挺直。谈话时如需侧转身，上体与腿应同时转动，幅度不可过大。

四、蹲姿要求

对于掉在地上的物品，服务员应采用优美的蹲姿把物品捡起来。

1. 高低式蹲姿

下蹲时左脚在前，全脚着地，右脚稍后，脚掌着地，后跟提起，右膝低于左膝，臀部向下，身体基本上由右腿支撑。如图1-5所示。

2. 交叉式蹲姿

下蹲前右脚置于左脚的左前侧，使右腿从前面与左腿交叉。下蹲时，右小腿垂直于地面，右脚全脚着地。蹲下后左脚脚跟抬起，脚掌着地，两腿前后靠紧，合力支撑身体；臀部向下，上身稍前倾。如图1-6所示。

图 1-5　高低式蹲姿　　　　　图 1-6　交叉式蹲姿

五、手势要求

手势是一种有表现力的体态语言，它是服务员向客人作介绍、谈话、引路、指示方向等常用的一种形体语言。具体要求如图 1-7 所示。

要求一	指示方向时，注意手指自然并拢，掌心向上，以肘关节为支点，前臂自然伸直，指示方向，以示诚恳、恭敬，如图 1-8 所示。
要求二	引领客人时，走在客人的侧前方，相距 2～3 步，并且要配合客人的步调，遇有转弯、台阶或门口处要回头用手向客人示意，如图 1-9 所示。
要求三	对客人表示"请"的意义时，手指自然并拢，掌心向上，优雅适度

图 1-7　手势要求

图 1-8　指示方向　　　　　　图 1-9　引领客人入座

妙招4：面带微笑，热情待客

微笑服务已成为餐饮业服务的基本要求之一，然而真正的微笑服务中的"微笑"一定是要发自内心，因为唯有这种发自内心的微笑，才能感染对方，唯有这种会心的微笑，方可使客人产生良好的心境，消除陌生感，使之感到处处有亲人，心平气顺，食则有味，宿则安宁。

关于微笑的特征及规范要求，可用以下四个结合来概括。

一、口眼结合

在笑的艺术修养中，眼睛的表情是关键一环。眼睛具有传神送情的特殊功能，眼睛又是心灵的窗户，因此，口到、眼到、神色到、笑眼传神，微笑才能扣人心弦。

二、笑与神、情、气质相结合

这里讲的"神"就是笑得有情，笑出自己的神情、神色、神态，做到情绪饱满、神采奕奕;"情"就是要笑出感情,笑得亲切甜美,反映美好的心灵;"气质"就是要笑出谦恭、稳重、大方、得体的良好气质。

三、笑与语言相结合

语言和微笑都是传播信息的重要符号,只有注意微笑与美好语言的有机结合,声情并茂、相得益彰,微笑服务方能发挥它应有的特殊功能。

四、笑与仪表和举止相结合

端庄的仪表,得体、适度的举止是服务人员不可缺少的气度,以姿助笑、以笑促姿就能形成一个完整的、统一的、和谐的美。中国人的气质素养较为内向,因此,企业应要求员工在接待服务工作中对顾客更热情一些。

> **小提示:**
>
> 总体来说,餐饮服务人员应该做到直率而不鲁莽,活泼而不轻佻,持重而不呆板,热情而不过分,轻松而不懒散,紧张而不失措。

妙招5:文明用语,有礼有节

礼节礼貌在餐饮服务中起着非常重要的作用,它不仅能表现出企业员工道德素质的高低,同时也能反映出企业的整体素质。餐饮服务人员要学会礼貌用语,把话说得合客人心、随客人意、悦客人耳、顺客人情。

一、问候语

餐饮服务人员常用问候语如下。
(1)"先生(小姐)您好!欢迎光临。"
(2)"中午(晚上)好,欢迎光临!"
(3)"欢迎您来这里进餐!"
(4)"欢迎您!一共几位?请这里坐。"

（5）"请问先生（小姐）有预订吗？是几号房间（几号桌）。"
（6）"请跟我来。"
（7）"请这边走。"

二、征询语

餐饮服务人员常用征询语如下。
（1）"先生（小姐），您坐这里可以吗？"
（2）"请问先生（小姐），现在可以点菜了吗？"
（3）"这是菜单，请您选择。"
（4）"请问先生（小姐）喜欢喝点什么酒水（饮料）？我们这里有……"
（5）"对不起，我没听清您的话，您再说一遍好吗？"
（6）"请问先生（小姐）喜欢吃点什么？我们今天新推出……（我们的特色菜有……）"
（7）"请问，先生还需要点什么？"
（8）"您用些……好吗？"
（9）"请问先生现在可以上菜了吗？"
（10）"请问先生，我把这个菜换成小盘可以吗？""请问，可以撤掉这个盘子吗？"
（11）"请问先生，上一个水果拼盘吗？我们这里水果有……"
（12）"您吃得好吗？"
（13）"您觉得满意吗？"
（14）"您还有别的事吗？"
（15）"现在可以为您结账吗？"

三、感谢语

餐饮服务人员常用感谢语如下。
（1）"感谢您的意见（建议），我们一定改正。"
（2）"谢谢您的帮助。"
（3）"谢谢您的光临！"
（4）"谢谢您的提醒。"
（5）"谢谢您的鼓励，我们还会努力。"

四、道歉语

餐饮服务人员常用道歉语如下。
（1）"真对不起，这个菜需要时间，请您多等一会儿好吗？"
（2）"对不起，让您久等了，这是××菜。"
（3）"真是抱歉，耽误了您很长时间。"
（4）"对不起，这个品种刚刚卖完，××菜和它的口味用料基本相似。"
（5）"对不起，我把您的菜上错了。"
（6）"实在对不起，我们重新为您做一下好吗？"
（7）"对不起，请稍等，马上就好！"
（8）"对不起，打扰一下。"
（9）"实在对不起，弄脏您的衣服了，让我拿去洗好吗？"

五、应答声

餐饮服务人员常用应答声如下。
（1）"好的，我会通知厨房，按您的要求去做。"
（2）"好的，我马上就去。"
（3）"好的，我马上安排。"
（4）"是的，我是餐厅服务员，非常乐意为您服务。"
（5）"谢谢您的好意，我们是不收小费的。"
（6）"没关系，这是我应该做的。"
（7）"我明白了。"

六、祝福语

餐饮服务人员常用祝福语如下。
（1）"祝您用餐愉快。"
（2）"新年好！""新年快乐！""圣诞快乐！""节日快乐！"
（3）"祝您新婚愉快。"
（4）"祝您早日康复。"
（5）"祝您生日快乐。"
（6）"祝您心情愉快。"

七、送别语

餐饮服务人员常用送别语如下。
(1)"先生(小姐)慢走,欢迎下次光临。"
(2)"先生(小姐)再见。"
(3)"请慢走。"
(4)"请走好。"

相关链接

餐饮服务常用英语

1.欢迎问候语

(1) How do you do!　您好!
(2) Good morning (afternoon/evening)!　早上(下午/晚上)好!
(3) How are you (doing)?您好吗?
(4) Welcome, sir (madam).　欢迎光临,先生(女士)。
(5) Please come in.It's so nice of you to make it.　请进,欢迎光临。
(6) We're glad to have you here.　我们很高兴您来到这儿。
(7) Nice to meet you, sir.　见到您真高兴,先生。
(8) Nice to meet/see you!　很高兴见到您!
(9) It's good to see you again,sir (madam).　再次见到您真高兴,先生(女士)。
(10) I hope you'll enjoy yourself here.　希望您在这里度过美好时光。

2.感谢应答语

(1) Thank you very much.　非常感谢。
(2) Not at all./You are welcome.　不用谢。
(3) That's all right.　没关系。
(4) Oh, you flatter me.　哦,您过奖了。
(5) I'm glad to serve you.　非常高兴为您服务。
(6) It's my pleasure.　这是我的荣幸。
(7) Thanks for the trouble.　麻烦您了。
(8) It's very kind of you.　您真是太好了!

（9）No, thanks. 不用了，谢谢！

（10）Thank you for telling us about it. 谢谢您告诉我们此事。

3.征询语

（1）Would you like to leave a message? 您需要留口信吗？

（2）I beg your pardon? 您能再说一遍吗？

（3）What do you think of our service? 您觉得我们的服务怎么样？

（4）What can I do for you? 有什么可以为您效劳的吗？

（5）How many people, please？ 请问一共几位？

4.致歉语

（1）Pardon me for interrupting. 对不起，打扰你们了。

（2）Please excuse me for coming so late. 请原谅我来迟了。

（3）I'm sorry, I was so careless. 很抱歉，我太粗心了。

（4）Will you please speak more slowly? 请您讲得慢一些，行吗？

（5）Sorry, I still don't understand what you said. 对不起，我没有听懂您讲的。

（6）I'm sorry, sir (madam). 对不起，先生（女士）。

（7）Excuse me for interrupting. 不好意思，打扰了。

（8）I'm sorry to trouble you. 对不起，打扰您了。

（9）I'm very sorry. 非常抱歉。

（10）I'm sorry to have kept you waiting. 对不起，让您久等了。

（11）I'm so sorry, please wait a few more minutes. 真抱歉，请再等几分钟。

（12）I hope you'll forgive me. 我希望您能原谅我。

（13）I'm awfully sorry. 我感到十分的抱歉。

（14）I'm very sorry, There could have been a mistake.I do apologize. 非常抱歉，这儿肯定是出错了。真的对不起。

（15）Sorry, I'll let you know when I make sure of it. 对不起，等我弄清楚了马上向您解释。

（16）I'm sorry, we have run out of. 很抱歉，我们把……都用完了。

（17）I'm sorry to bump into you. 对不起，撞着您了。

（18）I'm afraid I've taken up too much of your time. 耽误您那么多时间真不好意思。

（19）I'm sorry to have given you so much trouble. 很抱歉给您添了那么多麻烦。

（20）Don't worry. 不要担心。

（21）I apologize for this. 我为此事道歉。

（22）I'm afraid it's against the hotel's regulations. 对不起，这不符合餐饮企业的规定。

（23）I assure you it won't happen again. 我保证此事决不会再次发生。

（24）I'll look into the matter. 我会调查一下。

（25）It won't be too long, sir. 时间不会太长的，先生。

5. 提醒语

（1）Mind your step. 请走好。

（2）After you. 您先请。

（3）Please don't leave anything behind. 请带好您的随身物品。

（4）Please don't smoke here. 这里不允许吸烟。

（5）Here you are. 给您。

（6）Be aware of the ceiling, sir. 小心头顶，先生。

6. 祝愿语

（1）Welcome to come here again, Goodbye. 欢迎您下次再来，再见。

（2）Have a good time! 祝您们玩得愉快！

（3）Have a nice (good) day！ 祝您今天过得愉快！

（4）Happy Birthday! 生日快乐！

（5）Merry Christmas! 圣诞快乐！

（6）May you succeed! 祝您成功！

（7）Good-bye and good luck. 再见，祝您好运。

（8）Hope to see you again. 希望再次见到您。

（9）We all look forward to serving you again. 我们期待能再次为您服务。

（10）Mind (Watch) your step. 请走好。

（11）Glad to be of service, please feel free to contact us anytime. 很高兴能为您服务，有需要请随时联系我们。

（12）Thank you! Welcome to come back again. 谢谢！欢迎再来。

7. 方向表达用语

（1）How can I get to the ...? 去×××怎么走？

（2）Go upstairs/downstairs.　上/下楼。

（3）It's on the second floor.　在二楼。

（4）This way, please.　请这边走。

（5）Turn left/right.　左/右转。

（6）It will be on your right side.　在您的右手边。

第2章 餐前准备

餐饮服务难题应对技巧——餐饮服务的100个小妙招

导言

正所谓"好的开始是成功的一半",充分的餐前准备工作是良好的餐厅服务、高效流畅的餐厅营运工作的重要保证。餐前准备工作不仅能够为服务员后续的服务工作奠定好的基础,而且也能很好地分担服务员在餐中服务过程中的压力。

妙招6：检查卫生，展现形象

餐厅在开门营业前，首先应对店内进行检查，并对出现的问题及时解决，这样才能给顾客提供一个温馨、舒适的就餐环境。因此，服务员在餐前准备时，应检查自己所负责工作区域的卫生。

（1）玻璃门窗及镜面是否清洁，是否无灰尘、无裂痕。

（2）窗框、工作台、桌椅是否无灰尘和污渍。

（3）地板有无碎屑及污痕。

（4）墙面有无污痕或破损处。

（5）盆景花卉有无枯萎、带灰尘现象。

（6）墙面装饰品有无破损、污迹。

（7）天花板有无破损、漏水痕。

（8）天花板是否清洁，有无蜘蛛网。

（9）通风口是否清洁，通风是否正常。

（10）灯泡、灯管、灯罩有无脱落、破损、污渍。

（11）吊灯照明是否正常，吊灯是否完整。

（12）餐厅内温度和通风是否达标。

（13）餐厅通道有无障碍物。

（14）餐桌椅是否无破损、无灰尘、无污渍。

（15）广告宣传品有无破损、灰尘、污痕。

（16）菜单是否清洁，是否有缺页和破损。

（17）台布是否清洁卫生。

（18）背景音乐内容是否适合就餐气氛。

（19）背景音乐音量是否适中。

（20）总的环境是否能吸引客人。

开餐前进行地面清洁，如图2-1所示。

图2-1　开餐前清洁地面

妙招 7：台布铺设，舒展平整

将台布舒展地、平整地铺在餐桌上的过程称为台布铺设。

一、准备工作

在铺台布之前，将双手洗净，对准备铺用的每块台布进行仔细的检查，发现台布有残破、油渍和皱褶等现象的剔除出来，不再使用。

二、基本方法

铺台布可分为方桌正方形铺台布方法、方桌斜方形铺台布方法、圆桌铺台布方法。

（1）方桌正方形铺设时，通常应将台布的正面向上，中缝线落在方桌的中心线上，四边下垂并平行桌边，四边离桌边距离相等，具体如图 2-2（a）所示。

（2）方桌斜方形铺设时，应将台布正面朝上，中缝线对准餐桌对角线上，四角下垂与桌边距离相等，具体如图 2-2（b）所示。

（3）圆桌铺设时，应将台布中缝线对准圆桌正中的座位上，台布的十字交叉点落在桌子的圆心点上，四角下垂，布面平整，具体如图 2-2（c）所示。

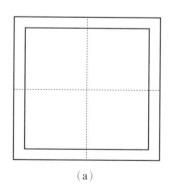
(a)

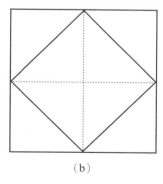
(b)

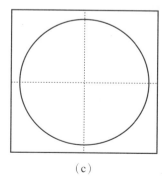
(c)

图 2-2　铺台布的方法

三、基本要求

（1）铺台布时，餐厅服务员用双手将台布打开并且拿好，身体略向前倾，运用双臂的力量，将台布朝主人座位方向轻轻地抛抖出去。如图2-3所示。

图2-3　服务员铺台布

（2）在抛抖过程中，餐厅服务员应用力恰当，动作熟练，一步到位。

（3）在铺设台布的时候，应注意避免台布与地面接触。

（4）台布中间折纹的交叉点应正好在餐桌的中心处，台布的正面凸缝朝上，中心线直对正、副主人席位，四角呈直线下垂状，下垂部分与地面距离相等。

（5）铺好的台布应该平整且没有褶皱。

相关链接

台布的规格

餐厅的台布，常见的规格有2米、1.7米和1.3米三种。

（1）2米台布。2米台布用途最广，是专门为10～12人的圆桌铺桌面用的。它的长和宽约为2米，除了在圆桌上使用外，也适用于会议桌和布置大型酒会等。为了使台布能正常替换，一张圆桌要配备4～5块台布。

（2）1.7米台布。1.7米台布长和宽均为1.7米，它适用于6～8人坐的圆桌。用途虽然没有2米台布广，但也很需要。

（3）1.3米台布。1.3米台布长和宽均为1.3米，是专门为边长0.85米的方桌或直径为0.85米的小圆桌而制作的；需要时，也可在落台（工作台）上铺设。它的用途也很广泛。

妙招8：摆放餐具，恰到好处

餐具应根据客人的需要决定摆放的数量，通常可在常用餐具的摆放位置上酌情增减。

一、四件餐具

四件餐具分别是骨碟、汤碗和汤匙、白酒杯、筷子和筷架（筷架不计入件数）。骨碟放在餐桌边并正对座位，盘边离桌边1.5厘米，酒杯放在汤碗上方偏右，汤匙放在汤碗中间，匙柄向右，将筷子放在骨碟的右边，筷子头离桌边1.5厘米，筷尖伸出筷架5厘米，餐纸放在筷子的右边。

二、五件餐具

在四件餐具的基础上加入味碟。味碟放在骨碟的左上方处，白酒杯放在骨碟的右侧上方处，餐纸仍放在筷子的右边。

三、六件餐具

在四件餐具的基础上加入味碟和水杯。水杯放在白酒杯的左边，两种杯并排。

四、七件餐具

在四件餐具的基础上，加入味碟、水杯和红酒杯。红酒杯应当放在水杯和白酒杯的中间,既可以排列成一排,也可以让红酒杯向前突出一些。

五、八件餐具

在四件餐具的基础上,加入味碟、水杯、红酒杯和口汤杯。口汤杯应放在骨碟的左侧上方,味碟放在骨碟的右侧上方,三只饮用杯排列在口汤杯和味碟的上方,可以按照一字形或半圆形排列。

六、公用餐具

公用餐具是方便主人为客人敬菜之用。一般而言,公用餐具有骨碟、汤匙、筷子,每桌应有两套。摆放公用餐具时,应先将餐桌的上下方各放一个骨碟,骨碟上面放汤匙,横着放筷子。

七、其他物品

餐台中间或台角上放花瓶,花瓶前面放台号,台号的正面朝向门口,牙签筒每桌放1～2个,牙签筒应放在主人餐具和主宾餐具的位置为宜。服务员摆放餐具如图2-4所示。

图2-4　服务员摆放餐具

妙招9：中餐摆台，整齐美观

摆台是把各种餐具按要求摆放在餐桌上，它是餐厅配餐工作中的重要一项内容，是一门技术，摆得好坏直接影响服务质量和餐厅的面貌。台面设计既要使用方便，又要美观、有情调。将各种餐饮器具以艺术形式陈列和布置，通过选择台布、桌旗、餐巾折花等暗含的寓意、色调的搭配、文化元素等充分表达主题，起到烘托宴会气氛、增强宾客食欲及视觉观感的作用。

中餐摆台就是在餐台上摆放各种餐具的过程。中餐餐台通常摆放的餐具、用具有苏菲碟、苏菲垫、骨碟、翅碗、翅勺、味碟、筷子、筷子架、牙签、毛巾碟，以及各种中式酒杯（饮料杯、干红杯、烈酒杯、分酒器）、席巾等。参考图2-5所示。

图2-5　中餐摆台示意

一、摆台要求

摆台操作前，应将双手进行清洗消毒，对所需的餐、饮用具进行完好性检查，不得使用残破的餐、饮用具。

二、摆台标准

餐、酒用具的摆放要相对集中，各种餐、酒用具要配套齐全；摆放时距离相等，图案、花纹要对正，做到整齐划一，符合规范标准；做到既清洁卫生，又有艺术性,既方便宾客使用,又便于服务人员服务。

三、摆台需要的餐、酒具

以10人座位宴会台面所需物品为例,10人宴会用餐摆台所需餐、酒用具及物品如下:台布1块、席巾10块、苏菲碟10个、苏菲垫10个、骨碟10～12个、翅勺10把、翅碗10个、味碟10个、筷架10个、筷子10～12双、毛巾碟10个、干红杯10个、白酒杯10个、分酒器10个、饮料杯10个、袋装牙签10个。

四、摆台的顺序

在摆放以上物品时,可以用托盘分6次托摆。
第一托:苏菲碟10个、苏菲垫10个。
第二托:骨碟10个、翅碗10个、翅勺10把、味碟10个。
第三托:筷子架10个、筷子10双、毛巾碟10个。
第四托:干红杯、白酒杯、分酒器各10个。
第五托:饮料杯10个(已插放好折叠成型的餐巾花)。
第六托:花瓶、菜牌、台号等。

五、确定主人席位和主宾席位

一般情况下,可将主人的席位安排在门口的正中央位置,将次主人的席位安排在主人席位对面,以便更好地招待客人。

主宾位置安排在主人位右侧的首席位置上,表示主人对宾客的尊重,次主宾安排在主人位的左侧位置或是次主人位右侧的位置。具体如图2-6所示。

图2-6 宴会席位安排示例

六、餐、酒用具摆放的规则

1. 摆定位（苏菲）碟，苏菲碟放于苏菲垫上一次摆好

将餐具码好放在垫好餐巾的托盘内（托盘应防滑，也可以垫餐巾），左手端托盘，右手摆放。从主人位开始按照顺时针方向依次摆放。苏菲碟与苏菲垫之间距离相等，苏菲碟距桌边1～2厘米（视餐台尺寸）。正、副主人位的苏菲碟应摆放于台布凸线的中心位置。餐盘中心穿过转盘中心线两两对称。定位碟一定要摆好，因其决定所摆台面的整齐、美观、雅致。

2. 骨碟、翅碗、翅勺、味碟

骨碟摆在苏菲碟上面。翅碗摆在苏菲碟右上角，翅勺放于翅碗的中心位置，勺柄朝左。味碟摆于苏菲碟左上角，翅碗、味碟在一条直线上。

3. 摆筷架和筷子、牙签

筷架应放在苏菲碟的右侧，与翅碗或味碟的横向中心为一条线，注意造型、图案。如果是动物造型，头应朝左摆放。筷子放筷架上，筷子图案或文字要朝上对正（筷子套同样），筷子末端距离桌边1厘米，筷身距离勺柄末端1厘米，或距离苏菲碟1厘米。

4. 摆酒具

白酒杯摆在葡萄酒杯的右侧，杯与杯间距1厘米；白酒杯杯柱应对正骨碟中心，葡萄酒杯底托边距翅碗边1厘米，或距汤碗的边缘1厘米；分酒器摆在烈酒杯右边，味碟正前方距离为1厘米，酒具如有花纹，花纹要对正客人。摆放时，酒杯应扣放或直放于托盘内。需注意的是各酒杯大小要相同。

小提示：

操作时，手取拿酒杯的杯座处，不能触碰杯口部位。

5. 摆公用碟、公用勺、公用筷

公用碟应放置在正、副主人席位的正前方，10人以下摆放2套公用餐具，12人以上应摆4套，应呈十字形。如果客人人数少，餐桌较小时，可在正、副主人位置餐具前摆放公用筷架及筷子即可。

6. 摆牙签盅

牙签盅应摆在公用碟的右侧，右不超出筷柄末端，前不超出碟边外切线。

7.摆饮料杯

如有饮料杯，则摆在干红杯左侧，干红杯摆中间，干红杯杯柱与骨碟中心为一条直线，烈酒杯摆于干红杯右侧，3套杯的中心应横向成为一条直线，饮料杯的上口距葡萄酒杯的上口1厘米。将餐巾折花的观赏面朝向客人。

8.拉椅

从第一主人位开始按顺时针方向依次摆放，餐椅椅座边缘刚好靠近下垂台布为准，椅边与桌布间距1厘米，餐椅之间距离均等。拉椅声音要小，从主宾位开始，按照顺时针方向依次拉椅。

9.摆菜单

一般10人以下摆放两张菜单，摆放于主人位的左侧。平放时菜单底部距桌边1厘米，立放时菜单开口处分别朝向主人，菜单边缘距桌边1厘米。

10.摆花瓶

花瓶放于餐台中心，正面朝向餐厅门。

11.宴会应摆放台号

台号一般摆放在每张餐台的中间，台号朝向宴会厅的入口处，使客人一进餐厅便能看到。若是大型宴会，还要摆放容易辨认的、引导性的台牌。

12.摆座位牌

正式宴会的主桌、大型宴会的餐桌，要摆放座位牌。一般选用双面座位牌，放置于酒具外1厘米处。如果是单面座位牌，座位牌要正面对着餐桌中心。

> **小提示：**
> 摆台操作时一律使用托盘；摆台后要检查台面摆设有无遗漏，摆放是否规范、符合要求，如是多桌宴会，所有用具、台布、围裙、椅子等规格和颜色均应一致，要保持整体的协调。

妙招10：西餐摆台，注重情调

西餐在色香味外，特别注重情调，除了用餐环境的硬件设施外，摆台就是营造情调的关键。如图2-7所示。

图2-7 西餐摆台示意

西餐摆台步骤如下。

一、摆放盐椒瓶、花瓶、烛台

按照离主位的远近分别摆放盐椒瓶、花瓶、烛台。摆放时，花瓶位于台面正中；盐瓶在左，胡椒瓶在右，且与主位相对。另外，烛台仅限晚餐摆台时才使用。

二、摆放装饰盘

（1）将装饰盘摆放在正对椅子的位置处，以装饰盘为中心，按顺序摆放其他餐具。

（2）装饰盘的盘边距桌边约2厘米（以大拇指尖至第一关节的长度为准）。

（3）如果没有专用装饰盘，可用盛放肉类菜肴的餐盘代替。

（4）盘边有图案、文字的，字面或图案应正对客人。

三、摆正餐刀、正餐叉

（1）首先要保持餐具清洁，员工不得用手直接接触刀面和叉顶端。

（2）正餐刀摆在装饰盘右侧，刀刃朝向装饰盘，距装饰盘约2厘米。

（3）正餐叉摆在装饰盘的左侧，距装饰盘约2厘米。

（4）叉柄底部、装饰盘盘边及刀柄底部应处于同一条水平线上。

（5）若是圆形餐桌，顺着桌边，将餐刀向右上移，将餐叉向左上移，其摆放方式比平行式更显自然。

（6）两套餐具相对摆放时，注意装饰盘与装饰盘、餐刀与餐叉、餐叉与餐刀一定要对齐。

四、摆放鱼刀、鱼叉

如客人吃鱼，则应摆放鱼刀、鱼叉。在正餐刀的右侧摆鱼刀，在正餐叉的左侧摆鱼叉。

五、摆放汤匙

在鱼刀的右侧摆上汤匙。

六、摆放头盘刀和头盘叉

在汤匙的右侧和鱼叉的左侧分别摆上头盘刀和头盘叉。

七、摆面包盘、黄油刀、黄油碟

（1）将面包盘摆在头盘叉左侧，与装饰盘的下边取齐。正方形或长方形餐桌，面包盘的下边一般与装饰盘的下边平行；圆形餐桌，则面包盘的上边与装饰盘的上边平行。

（2）将黄油刀摆放于面包盘上，刀刃朝向左侧。

（3）将黄油碟放于面包盘的上方。

八、摆甜品匙和甜品叉

在装饰盘的正上方由内而外依次摆放甜品叉和甜品匙，匙柄朝右、叉柄朝左。

九、摆放水杯和葡萄酒杯

（1）酒杯要洁净、无破损、无水迹、无指印、无异味。

（2）以正餐刀刀尖为基准，在其正上方2厘米处摆放水杯。

（3）在水杯左上方45°角处摆放红葡萄酒杯。

（4）在红葡萄酒杯左上方45°角处摆放白葡萄酒杯，两杯之间距离约1厘米。

十、摆放餐巾

将餐巾摆在装饰盘或面包盘上。

（1）一般在无图案的素底装饰盘上摆餐巾。

（2）如果装饰盘上有餐饮企业标志或图案，最好将餐巾摆在面包盘上。

最后再检查一遍各种摆台用具是否齐全，摆放是否正确。

相关链接

西餐的座次安排

1. 座次排列的基本规则

座次排列遵照"女士优先、恭敬主宾、以右为尊、距离定位、面门为上、交叉排列"的基本规则。

2. 长桌的座次排列

长桌的座次排列如下图所示。

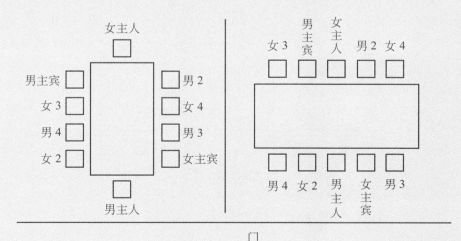

长桌的座次排列

3. 圆桌的座次排列

圆桌的座次排列如下图所示。

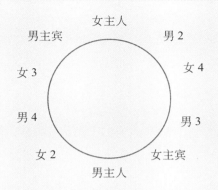

圆桌的座次排列

4. 方桌的座次排列

方桌的座次排列如下图所示。

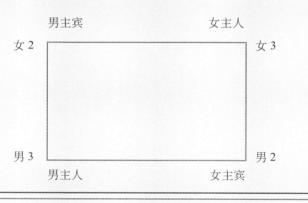

方桌的座次排列

第3章 接待服务

导言

优质的接待服务是营造良好的餐厅气氛，实现服务提供者与消费者之间的良性互动的必要条件。因此，餐饮企业要做好顾客的接待工作。

餐饮服务难题应对技巧——餐饮服务的100个小妙招

妙招11：电话预订，做好记录

预订是客人预先要求餐饮企业为其提供餐位、餐标、菜单、酒单等的服务，它是对订餐客人的一种承诺，即在约定的时间为客人保留餐位。在接受客人预订时，应强调时间的重要性，主动告诉客人为其保留座位的时间期限，超过保留期限，餐位将会安排给其他客人使用。

一、问候客人

（1）电话铃响三声之内接听电话。

（2）主动向客人问好，并准确报出餐饮企业名称及自己的姓名。比如："您好，××餐饮企业，我是服务员（预订员）小×。"

（3）及时表示愿意为客人提供服务。

比如："有什么事情需要帮忙"或"很高兴为您服务！"

二、了解需求

（1）对报出姓名的客人，应称呼其姓名，如"欢迎您，×先生！"以示对客人的尊重。

（2）仔细聆听客人介绍，了解客人的身份、用餐时间、宴请对象、人数、台数及其他要求。

（3）征得客人同意后为其安排相应包房或餐台，并告知客人包房房号或餐台台号。

（4）大型宴会预订，要请客人面谈。

三、接受预订

（1）复述预订的内容，并请客人确认。

（2）请客人留下电话、姓名。

（3）告知客人所订餐位的最后保留时限。

（4）向客人致谢并道别。

四、预订通知

（1）填写"预订单"。
（2）定好菜单的预订或大型宴会预订，立即通知店长、厨师长、采购部门。
（3）未定标准或菜单的，只通知餐厅即可。
（4）有特殊要求的预订，要及时通知领班和厨师长。

五、预订记录

（1）将预订内容记录在预订登记本上。
（2）将登记本保存好，并及时存档。

接受客人预订，如图3-1、图3-2所示。

图3-1　接受客人电话预订

图3-2　录入预订信息

妙招12：来客预订，信息确认

客人到店预订，可按以下步骤操作。

一、问候客人

（1）客人来到餐厅，引位员礼貌问候客人，问明来意，将客人引领至订餐处。
（2）订餐员主动向客人介绍自己，并表示为客人服务的意愿。

二、了解需求

（1）礼貌地问清客人的姓名、单位、用餐时间、宴请对象、人数、台数及其他要求。比如："先生，请问您一共几位？"
（2）征得客人同意后为其安排相应的包房或餐台，如："先生，您看××房可以吗？"并告知客人包房号或餐台台号。

三、接受预订

（1）向客人复述预订的内容，并请客人确认。
比如："×先生，您明晚所预订的一桌，共×个人，定在××房，对吧？"
（2）确认客人的电话、姓名。
（3）告知客人预订餐位的最后保留时限。
（4）向客人致谢并道别。

四、预订通知

（1）填写预订单。
（2）定好菜单的预订，立即上报店长，以便其做好安排。
（3）未定标准或菜单的，只通知餐厅即可。
（4）有特殊要求的预订，要及时通知领班和厨师长。

五、预订记录

（1）将预订内容记录在预订登记本上。

（2）将登记本保存好，并及时存档。

妙招13：客人到店，热情迎宾

迎宾员一就位，就须先翻阅订席簿，为即将光临的订席者安排符合他们要求的餐桌。简单一点的订席簿，只是把安排的桌号记在订席簿上而已，比较讲究的，则另备有餐桌布置图，把订席者的名字记入图中。这种布置图可以用来表示餐桌的使用状况，空席也能一目了然，对于排座位非常方便。若是没有特别要求的订席，则可依如下所述的领台要领来处理。

（1）安排好餐桌后，要将表示"已订"的订座卡，放置在已预留的各餐桌的中央，让显示文字的一面向着客人走近的方向，同时也检查一下餐桌摆设与座位是否符合客人的要求，如果有待追加或更改的，必须在客人到达前摆设妥当。一切就绪以后，即可站在餐厅大门口附近等候客人的来临。

（2）客人一出现，须以微笑和热情的态度主动迎上来客，面带微笑注视着客人的眼睛，并且微微点头表示敬意，称呼客人的头衔，友善地主动与其打招呼，如早安、午安、晚安，音量须适中，不要使其等候或有所犹豫不安，这样才不会令其因误会不被重视而产生反感，使客人的用餐有个美好的开始。如图3-3所示。

图3-3　迎宾员与顾客打招呼

（3）最好能记住客人的姓名与头衔，如果能在一见面时，就脱口称呼客人的姓名与头衔，会有意想不到的效果，因为最好听的语言是自己的名字，有些餐厅特别为此而建档。如果不知其头衔，在姓的后面加上"先生"或"女士"的尊称即可。

（4）打过招呼以后，客人如有随身物品或大衣，须协助交付保管，如无此设施，则帮他挂在餐厅内。

（5）如果是熟客当然已知有否订席，但若是生客则需先询问有否订席，有则根据订席簿上所预先安排好的座位，亲自或交由领台员引导客人入席，引导前先询问一下客人，对所安排的餐桌是否满意。如果客人没有订席，则需询问共有几位，以便为其寻找合适的餐桌。

（6）如果迎宾员兼做领台的工作，那么就须安排有人补位，以免领台途中让突然出现的客人等候。

（7）用餐者不一定会同时到达，不能以眼见的人数为安排座位的依据，因此，即使来客只有一人，也应以"请问有几位"询问较佳。

（8）对于没有订席的客人，若能请教其姓名并记录在订席簿内，不但方便服务员尊称他，也可使其所邀请的客人能顺利地找到主人的位置，更可留为日后的参考。

（9）如果已无空席或无适当的餐桌可以接待，可先征求客人是否愿意等待，如果同意，可带领客人到等候区稍候。

妙招14：招呼客人，引客入座

迎宾员引导客人入席时，必须配合客人走路的速度，走在客人二三步之前带路，并随时回头招呼客人，遇有拐弯以手势（手指并拢，掌心朝上）礼貌地做方向指引。到达预订餐桌时，立即介绍负责该餐桌的领班或服务员给客人，并注意语言与动作相协调。

一、引领座位原则

引领座位原则如图3-4所示。

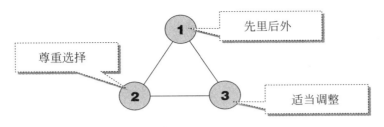

图3-4 引领座位的原则

1.先里后外

即先来的客人安排在里边,后来的客人安排在外边。这样做的目的是不使门口过分拥挤,影响后来的客人进入餐厅。

2.尊重选择

即在合理安排座位的同时尊重客人的选择,原则上只要是没被预订的餐桌,客人要求坐,都应给予安排,千万不可强行安排客人坐其不愿意坐的地方。

3.适当调整

即如果餐厅某处出现过分拥挤,或人少的客人坐一大桌,而又来了一大桌客人却无法入座的情况时,需要服务员进行适当、合理的调整。调整必须事先得到客人的同意,客人同意调整后,服务员要协助将客人的餐具、菜肴挪到调整后的餐桌上,并真诚地向客人表示感谢。

> **小提示:**
> 恰当的引座能够为客人留下良好的第一印象,周到、热情的引导工作能使客人从服务中感到超值的享受,加深客人对餐厅的好印象。

二、领位要领

(1)刚开始营业时,迎宾员须先将客人安排在餐厅前段比较显眼的位置,使餐厅不会显得冷清,而且不要将客人集中安排在同一服务区域,除非客人有不同意见,尽量将不同的客人分散安排,以平均服务员的工作量,使客人能够得到较周到的服务。

(2)安排穿着华丽的客人坐在餐厅中央位置,尤其是女性客人,对于餐厅的气氛会有很大的帮助。不过如果出现两组衣着相互竞艳的客人,不可安排在紧邻着的餐桌,必须略有距离,以免当事人分心而食不知味。

（3）安排服装或态度不能令人苟同的客人在较不显眼的位置，以减少导致其他客人的反感。对于可能会大声叫喊的餐会，尽可能安排在包房，或是餐厅的内部角落，以免吵到其他的客人。

（4）年纪较大或行动不便的客人尽量安排在入口处附近，以减少其走动的距离，而免于太劳累。

（5）年轻的情侣尽量安排在安静墙角的餐桌，以免太受注目。

（6）带有小孩的客人应安排在较不会吵到其他客人的地方，最好是在内部角落而不会妨碍通道的餐桌，以免小孩在餐厅中吵闹，影响到安宁的气氛。

（7）单独用餐的客人尽量给予较不显眼的座位，使他不会自觉孤单。

（8）切勿安排大餐桌给少数人，这样可增加餐桌的利用率，也可使客人免于失落感。

（9）无论安排在何处，尽量帮助女士就座在面向餐厅中央的座位（避免面对墙壁），除非她们不同意，因为女士喜欢看人也喜欢被人欣赏。

（10）尽可能避免接待喝醉的客人，当他要走过其他客人的座位时，最好由领班或服务员陪伴，以免发生事端。

（11）如果订席者不多，工作量的分配也不成问题时，尽量让客人选择自己喜欢的座位。不过有经验的领台员可以从客人的容貌、表情与视线，来判断他所喜欢的位置，不经指示即能给予满意的座位。

（12）同组客人的座位安排有时须遵从礼仪，服务时也应以其席位为服务的顺序，所以，领台员及餐厅服务员都必须熟悉这些礼仪。如果需要，应帮助客人脱下外衣，并代为保管。帮助客人脱外衣时，手尽量不碰到客人身体，脱下的外衣，以手提衣领，并问明客人是否有贵重物品，且告诉客人衣服放置的位置。

（13）引领客人到餐桌旁要主动为客人拉椅让座。拉椅时，要用双手将餐椅抬起拿出，推进时可借助膝盖，将餐椅轻轻送到客人的脚后，并示意客人入座。拉椅子的次序以女士、年纪较大者为先。

 相关链接

带位要视情况而区别

迎宾员在带位时，可遵循以下方法进行服务。

（1）对于前来聚会的年轻客人，应安排在餐厅靠里面的位置或一些相对独立的地方，以防聚会时发出的吵闹声影响其他客人。

（2）对于年纪大的、行动不太方便的客人，应将其安排在餐厅的通道边

和临近洗手间的位置。

（3）对于需要洽谈事务的客人和亲密的情侣，则应安排在安静、偏僻的位置，以减少其他因素对他们的影响。

总的来说，迎宾员首先应该听取和接受客人本人对选位的要求和选择，迎宾员起到建议和引导的作用，最终还是要"悉听尊便"。

妙招15：根据人数，选用餐桌

中餐台面常见的有圆桌和方桌两种。

圆桌的规格不同，其直径大致有150厘米、160厘米、170厘米、180厘米、200厘米、220厘米、240厘米等，圆桌的桌架高度一般为80厘米。

方桌的规格为90厘米、100厘米、110厘米见方。

由于用餐客人的人数不同，所以，应根据客人的人数选择大小适宜的餐桌。

以圆桌为例，根据客人人数选择餐台的原则如下。

(1) 150厘米的餐台适宜4～6位客人使用。

(2) 160厘米的餐台适宜6～8位客人使用。

(3) 170厘米的餐台适宜8～10位客人使用。

(4) 180厘米的餐台适宜10～12位客人使用。

(5) 200厘米的餐台适宜12～14位客人使用。

(6) 220厘米的餐台适宜14～16位客人使用。

(7) 240厘米的餐台适宜16～18位客人使用。

妙招16：餐厅客满，如实告知

如餐厅已客满，应如实告知客人。

（1）在餐厅的营业高峰期，所有的餐桌都已坐满，服务员应耐心向客人解释，把客人安排在合适的地方等候。

比如，在餐厅的一角设置茶吧、酒吧，这样不但可以分散客人等候的注意力，而且还能给酒吧、茶吧带来更多的收入。

（2）餐厅可为带孩子的客人准备一些小零食、玩具等，孩子的哭闹往往会使等待的客人更加心烦，用零食和玩具吸引孩子的注意力，孩子玩得高兴，大人更放心。

（3）在没有座位时，应如实告诉客人需要多长时间才能有座位，由客人决定是否继续等待。如果客人时间有限，则应建议客人去就近的餐厅用餐，这样可以提高客人的满意度。

（4）餐厅满员时，有时有的桌子还有空座，这时服务员可以征求客人的意见，如果客人不介意与其他人合用一桌，服务员可以做并桌处理。要注意，事先要征求已用餐客人的意见，经同意后方可实行并桌。

情景再现

小李是某餐厅的领位员，浑身充满活力，深受客人喜欢。她说："不管怎么样，我从不把坏情绪带到工作中去！始终为客人着想。"

有一天餐厅爆满，就连下午茶的桌子也被临时翻台搭座，小李也十分累，这时门口一下子涌进来十位客人，小李立刻抖擞起精神，热情迎候。客人要求拼台坐在一起。

"从哪儿找台拼呢？"面对人声鼎沸的餐厅和川流不息的客人，小李焦急万分："请先生们稍等，我马上想办法。"离开引座台，她仔细搜寻，可是没有可拼合的座位。于是小李建议客人先分开坐，等有桌子再拼，但客人坚持要坐在一起，并说："我们是常来的，这个忙你一定要帮。""你们这么大的店，会没有地方？"

小李见客人打定主意要在这里用餐，她灵机一动，提出请他们先到茶座喝点饮料，等一有空位就通知他们。客人立即赞同，没有多久，客人便如愿坐在了铺着崭新台布、拼在一起的大桌旁愉快地进餐了。

第4章 点菜服务

餐饮服务难题应对技巧——餐饮服务的100个小妙招

导言

周到、热情、切合客人需求的点菜服务能让客人从餐厅服务中感到超值的享受，使客人对餐厅留下深刻的印象，并且可能增加客人在餐厅的消费金额。

妙招 17：客人入座，呈递菜单

待客人坐稳后，服务员首先可以根据客人的需要提供餐巾，然后站在客人右侧 0.5 米，将菜单打开第一页，按照女士优先、先宾后主的原则，用右手从客人右侧送上菜单。如图 4-1 所示。

图 4-1　顾客点菜

（1）对于夫妇，应先递给女士；如果是团体，应递给主人右侧的第一位客人，然后沿着餐桌逆时针方向依次递给客人。

（2）如果主人表示为其全体成员点菜，菜单要分发下去一部分，服务员只收递回来的菜单。

（3）如果没有为儿童准备的菜单，最好不要递给孩子们普通菜单，但其父母要求时例外。

（4）客人在看菜单时，服务员应迅速按照来客人数撤走或增加餐具。

妙招 18：菜单含义，解释清楚

菜单中的每道菜都由菜名、价格和描述三部分组成，大部分都配有图片，很直观，而每部分都有其独特的含义，服务员应向顾客解释清楚。

一、数量

食品和饮料服务都有一个量的概念。菜单上食品分量的表示方法如下。
（1）有用大、中、小表示的，如大杯可乐。
（2）有用具体数字表示的，如3块炸鸡。
（3）有用器皿表示的，如一汤碗、一茶杯。
（4）有用重量表示的，如千克、克等。

> **小提示：**
> 菜单上所有数量的表示都要符合人们的习惯，要具体清楚，不要给客人错误的信息。

二、质量

食品和饮料的卫生要符合国家的卫生标准。菜单上质量的表示，以及描述各道菜有关肉、鱼、禽、蔬菜等品种部位特征的词要名副其实，不能弄虚作假。

三、价格

价格在菜单上比较明了，但如包含服务费、小费及其他费用时要加以说明，让客人清楚了解。

四、商标名称

菜单上如列有已注册商标的食品和饮料，应保证按时供应，如"金威啤酒""百事可乐""椰树牌椰子汁"等。

五、食品描述

很多食品和饮料名称相似，但其内容绝不相同。食品描述一定要明确其区别之处，尤其是一些代用品更要描写清楚、具体，以免客人产生误会。

六、原料来源

菜单上对原料的来源都是根据其产地、商标和有关资料来描述的，提供服务的方式和菜肴准备的方法也须在注明之列。

七、食品种类

菜单上很多食品都是用罐装、瓶装或冷冻的原料来烹调的，对这类食品的描述要正确，因为冷冻橘汁绝不同于鲜橘汁，瓶装果汁绝不同于罐装果汁。

八、食品烹调方法

菜单上食品的烹调方法是客人决定是否选择此菜的原因之一，所以对炸、炒、炖、煮、煎等方法的表述一定要正确。

九、文字与图片

菜单上有时既用文字又用图片表述，这就要求图文一致。

十、推销用语

菜单上有时用很多推销性词语来描述，如特制汤、时令菜、免费赠送等，这些词必须明确其含义。

十一、营养成分声明

菜单上"不含糖""无盐""低热量"等有关食品营养成分的声明，要求注明特定的日期和所指的菜。

> **小提示：**
>
> 服务员应对菜单上客人有可能问及的问题有所准备。对每一道菜的特点要能予以准确的答复和描述：哪些菜是季节性的，哪些菜是特制的，每道菜需要准备的时间以及菜的装饰、菜的销售情况等。

妙招19：熟悉菜品，主动介绍

常常会有顾客在点菜时拿不定主意，这时服务员就应主动向顾客介绍本店的特色菜、招牌菜，这就要求服务员做到以下3点。

一、记住推荐菜

餐饮企业为了满足客人的需要，在菜肴原料的选取上、烹调方法上、菜肴口感和造型上不断地推陈出新，同时，在每一天或每周会推出一道或几道特色菜、风味菜供客人品尝。点菜员必须记住这些菜肴的名称、原料、味道、典故和适合的客人群体，顺利地将菜品信息及时传递给客人。如图4-2所示。

图4-2　餐厅服务员在向客人介绍特色菜

二、记住沽清菜

沽清单是厨房在了解当天购进原料的数量缺货、积压原料的情况后开具的一种推销单，也是一种提示单。它告诉服务员当日的推销品种、特价菜、所缺菜品，以便服务员对当日菜式有所了解，避免服务员在当日为客人服务时遇到尴尬、难堪、指责等情况。

后厨开出当天的沽清单后，通常会与餐厅负责人协调，列举当日原料情况以及最适合出品的菜肴，并介绍口味特点、营养特点、季节特点等普通服务员难于介绍的专业知识。所以，点菜员须记清沽清菜，在介绍菜品时，就要相对有倾向性地介绍，当客人点到当天没有的菜品时，一般可以"对不起，今天刚刚卖完"来回答，然后要及时为客人介绍一道口味相近的菜品，这样客人从心理上比较容易接受，也不会引起客人的不满和抱怨。

三、必须熟悉菜牌

服务员要了解所推销菜式的品质和配制方式，介绍时可作解释。在点菜过程中，客人犹豫不决时，服务员可提供建议，最好是先建议高中档价位的菜式，再建议便宜价位的菜式，其次是推荐制作工序较简单或者耗费时间少的菜式。

比如，在生意的高峰期，可让服务员推荐一些制作十分迅速的产品，避免由于太忙，影响上菜速度，造成客人的不满和差评。

妙招20：扫码点餐，提升效率

社会在不断进步与发展，科技手段也不断推陈出新，餐饮行业也在寻求新的突破与变革，随着"互联网+"的热潮，餐饮"互联网+"的概念也越来越火爆，手机扫描二维码点餐系统已经成为餐饮行业的未来趋势，发展空间巨大。

一、扫码点餐的特点

随着餐饮市场需求的不断变化，扫码点餐系统已经正式推出了正餐点餐和快餐点餐两种形式，以此来满足不同的顾客点餐需求，让点餐更加地人性化、便捷化、合理化。其中正餐点餐的功能比较复杂一些，包含一些加菜呼叫、续菜呼叫、多人点餐、店员加菜退菜等功能。

二、扫码点餐的设置

餐饮企业可以通过PC端后台添加桌号，然后将点餐的二维码桌牌（桌贴）放置在餐桌显眼位置，客人到店后就可以选择拿出手机扫码点餐。在点餐首页，餐厅还可以推荐本店特色菜、销量排行榜、当天特价菜等营销模块。如图4-3所示。

图 4-3　顾客扫码点餐

由于客人是在座位上完成的点餐操作，所以这种方式就更适用于正餐店，对于需要按号码取餐的快餐店则需要配合叫号器使用。

三、扫码点餐的操作流程

顾客排队取号进入餐厅就座后，通过手机微信或支付宝扫描桌面上的二维码，进入到餐厅的点餐界面，进行餐品点选、下单、支付等操作，然后等候上餐即可。流程如图 4-4、图 4-5 所示。

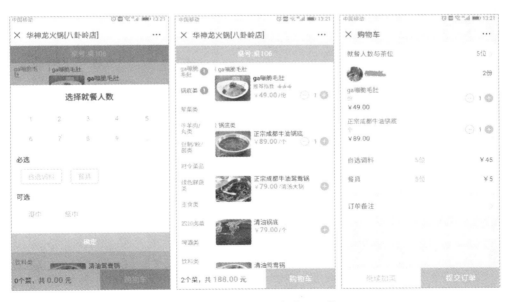

图 4-4　扫码进行餐品点选界面截图

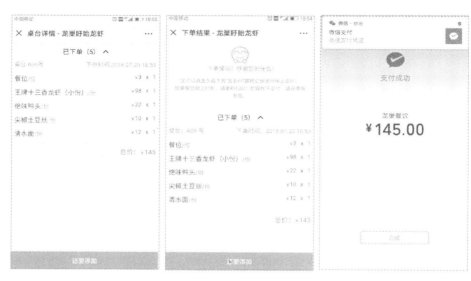

图 4-5　点餐成功后下单支付界面截图

四、扫码点餐的工作原理

当顾客完成支付下单后,系统会将订单信息推送至收银台,并下发到厨房。后厨的小票打印机会自动打印订单,厨师即可根据订餐小票开始做菜。如图 4-6 所示。

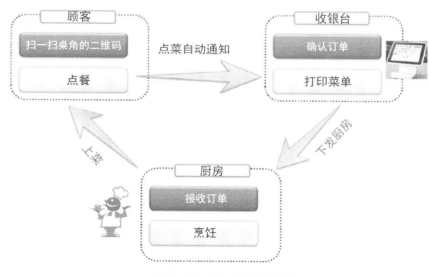

图 4-6　扫码点餐的工作原理

五、扫码点餐的好处

扫码点餐是通过将传统的服务员点餐环节，改为由顾客自己用手机扫描二维码点菜，这种在手机上点菜的方式，缓解了服务员（收银台）的点餐压力，将其时间解放出来，用在为顾客上餐等服务方面，从而提高店内现有服务员的工作效率，同时减少需要雇用的服务员数量。对餐饮企业而言，既节约了支出成本也提升了服务；对顾客而言，减少了点餐等待时间，提升了用餐体验，达到了双赢的局面。

> **小提示：**
> 对于不太习惯或是不愿意扫码点餐的顾客，餐厅还是应该提供纸质菜单，或是按传统点餐模式为顾客服务。

妙招21：自助点餐，节省人力

过去的餐饮企业给我们留下的印象是，呆板的印刷菜单和推荐高价菜的服务员。而现在取而代之的，是图文并茂的自助点餐机，菜品价格、图片甚至原材料介绍一应俱全，消费者轻轻滑动指尖，就可以独立完成点菜、下单，甚至结账环节。如图4-7所示。

图4-7　顾客在自助点餐机上点餐

自助点餐机点餐是在一个特制的机器上完成点餐操作，顾客就像在ATM机上自助提款一样，在自助点餐机上完成点餐、支付等操作。这种方式非常适合凭票取餐的快餐店，顾客接受程度较高，等于店里多了一个收银台、一个收银员。虽然成本较高，一台机器需要几千元到上万元不等的价格，但相较于一个收银员每个月的工资来说，还是很值得的。

小提示：

　　自助点餐机有大有小，有像ATM机一样大的落地机器，也有像平板一样小的mini机器，餐饮企业应根据自己店内的环境情况，选择适合自己的设备。

餐饮服务难题 应对技巧 —— 餐饮服务的100个小妙招

第5章 菜品销售服务

餐饮服务难题应对技巧——餐饮服务的100个小妙招

导言

俗话说："挣钱不挣钱，全靠炊事员；卖钱不卖钱，全靠点菜员。"如果点菜服务推销到位、点菜有方，对餐饮的销售将十分有利，同时点菜服务的出现对餐厅及时推出创新菜也有帮助。

妙招22：把握时机，建议推销

建议性销售要把握好销售的时机，体现餐厅服务员的专业水平，同时又要把握好建议性销售的尺度。

一、体现专业水平

服务员细致周到的服务、生动的文化典故介绍、善意的健康提示，都可以体现服务员的专业水平。当顾客胸有成竹、滔滔不绝不看菜单就点菜时，餐厅服务员要赞美并提醒顾客；当顾客完全依赖餐厅服务员时，服务员要能为客人安排理想菜肴；当顾客既以自己为主又求助于餐厅服务员时，服务员要充分展示自己的专业水平，做好补充性和建议性的推荐，在赢得信任的基础上推销菜品。

二、把握好推荐菜品的时机

当熟悉的顾客与他的新朋友来餐厅就餐时，服务员可以在很有礼貌地问候之后，用商量和征询的语调向顾客推荐菜品。

当顾客所点的菜肴没有时，服务员要及时推荐类似的菜肴，并做耐心的讲解，否则，不仅会降低顾客的消费标准，还会导致顾客就餐情绪的破坏，甚至在就餐过程中对餐厅和菜肴会有更多的挑剔，乃至失去回头客。当所点的菜肴没有时，顾客往往会比较失望，这时服务员进行菜品推荐，不但不会引起顾客对于推销行为的反感，反而更乐意接受服务员的意见。

三、协助顾客点菜

由于顾客对菜品的了解有限，在点菜时经常会出现原料、口味等重复的情况，这时餐厅服务员应该及时提供建议，其实这种建议就是一种变相的推销。

比如，在相似的两道菜肴中建议顾客去掉价格低廉的菜肴，换上价格相近或稍贵的另一道菜肴。

当然，服务员要注意语言的巧妙运用，在尊重顾客的前提下，既提高顾客的消费标准，又使顾客满意地品尝到更丰富的菜肴。

> **小提示：**
>
> 协助顾客点菜时，餐厅服务员一定要抱着为顾客真诚服务的态度，在取得顾客的信任后推荐菜品。

四、把握好建议性销售的尺度

餐厅服务员应该看明白顾客的消费档次，一般消费层次高的顾客强调的是菜品原料的质量新鲜与否，消费层次低的顾客更喜欢仔细询问菜的价格和菜量的多少。在建议性推销菜品时，服务员要全方位替顾客着想，根据顾客的消费层次推荐相应的菜品。

妙招23：多方兼顾，组合推销

所谓组合性推销，就是把客人所喜好的菜品进行组合，使组合的菜品美味可口、营养均衡、价格合理。组合出的菜式还应做到口味各异，烹调方法多样，价格高、中、低档兼顾，营养、荤素搭配合理等。

一、中餐菜品组合性销售

中餐一般包括热炒菜、冷荤菜、羹汤类、主食、点心等。

中餐菜品的组合根据不同性质的宴会，菜品组合性销售的技巧也不同，具体如下。

（1）中档消费和一般消费的菜式组合及主菜价位要根据客人的消费能力和需求爱好而定。

（2）喜庆宴会的菜式组合为：冷盘、主菜（全家福）、炸制菜品、鱼、鸡、虾、肉（肘子）、四喜丸子、小炒类、甜菜品等10道菜和主食。

（3）丧事聚餐的菜式组合为单数，必须有白豆腐，忌搭配咕噜肉或用番茄汁制备的红色菜品。

（4）高档商务宴会的菜式组合为：冷盘、冰爽刺身、经典主菜（大菜）、炸制菜品（不影响造型）、鱼、肉、小炒类、时蔬类、汤、主食。

二、西餐菜品组合性销售

西餐菜肴品种繁多，主料突出，营养丰富，讲究形色，味道鲜香，供应方便。西餐菜品组合中一般包括头盘、汤、主菜、沙拉、甜食五大类。

（1）头盘。也称开胃品或开胃菜，一般数量较少；头盘分为冷头盘和热头盘，分别由冷制和热制食品制成。

（2）汤类。分为冷汤类和热汤类两种，要求原汤、原色、原味，热汤中有清汤和浓汤之分。

（3）沙拉。具有开胃、帮助消化和增进食欲的作用。沙拉分为三种：水果沙拉、素菜沙拉和荤菜沙拉。

（4）主菜。又叫主盘，是全套菜的灵魂，制作考究，既考虑色、香、味、形，又考虑菜肴的营养价值，多用海鲜、肉类作主料，采用炸、煸、烘、烤、煮、蒸、烧等方法制作。

（5）奶酪和甜点。主菜用完后即为甜点，如有奶酪，要先吃奶酪，甜点有冷热之分，是最后一道餐食。

 相关链接

西餐酒水与菜品搭配

西餐用酒多以葡萄酒为主，但用餐过程中对酒的搭配有严格的规定，如餐前要饮用开胃酒，餐中要用佐餐酒，餐后要用利口酒。

1. 餐前酒（开胃酒）

开胃酒是以葡萄酒或食用酒精、蒸馏酒为酒基，加入多种香味各异的食料制成，具有开胃、健脾的功能，一般在餐前饮用。常用的开胃酒有"味美思""鸡尾酒""必打士酒"。

2. 餐中酒（佐餐酒）

（1）汤类。对于汤类一般不用配酒，汤在西餐中的作用也是开胃、润胃，如果有的客人有个性需要时可配制颜色较深一些的雪利葡萄酒。

（2）头盆。头盆也称为头盘，大都是些较清淡、易消化的凉盘，可与干型白葡萄酒搭配，其中质量上乘的当属法国的勃艮第白葡萄酒。

（3）海鲜。吃海鲜时，一般选用白葡萄酒而不用红葡萄酒，如法国的波尔多白葡萄酒和德国莱茵白葡萄酒，另外，玫瑰露酒在喝前必须冷冻。

（4）畜肉、禽肉野味。以酒精含量12%～16%的酒水最宜，其中，鸡肉、猪肉、小牛肉最好用干红葡萄酒，如意大利的"干蒂红葡萄酒"和"玫瑰葡萄酒"、法国的"布娇莱""波尔多"红葡萄酒等；对火鸡、牛肉、羊肉等红色、味浓、不易消化的肉类，则最好用含酒精较高的葡萄酒，如法国的"高夫红葡萄酒"和德国的"摩泽尔白葡萄酒"。

（5）奶酪类。食用奶酪时一般以较甜的葡萄酒为宜，如果客人不需要时，也可使用主菜的酒品。

（6）甜食类。可选用甜葡萄酒和葡萄汽酒，如德国的"摩泽尔白葡萄酒"和法国的香槟酒。

3. 餐后酒（甜食酒）

用餐结束后，可选用甜食酒、蒸馏酒等酒品，适合选用白兰地、可可汁。

三、将菜品和酒水结合销售

在餐饮消费活动中，通常是啤酒和冷拼、卤水类结合为宜；葡萄酒和甜品菜肴或清淡菜品结合为宜；竹叶青酒和海鲜类菜肴结合为宜；白酒和肉类热菜、干锅类菜肴结合为宜。

西餐中，酒水与菜式的搭配有一定的规律。总的来说，色、香、味淡雅的酒品应与色调冷、香气雅、口味纯、较清淡的菜肴搭配，香味浓郁的酒与色调暖、香气浓、口味杂、较难消化的菜肴搭配，在难以确定时，选用中性酒类。

此外，菜品组合销售还应注意菜品搭配的比例。首先，要注意一桌菜点中冷盘、大菜、热炒、时蔬、汤、点心的价格在整桌菜中各自所占的比例，各类菜品质量均衡，防止冷盘档次过高，热菜档次过低等；其次，还要注意客人的消费档次不同，菜品的种类也应随之变化。

情景再现

张老板一天请了四位朋友，习惯性地又来到某餐厅。点菜员小王远远看到他们，便主动上前问好，将他们请到了张老板平时最喜欢的小雅间。张老板今天请的朋友中有一位老同学是从外地到此出差。"老同学，看你喜欢哪个菜，点几道。"老同学忙说："你们点，你们点，我看不好也不会点。"张老板便诚意十足地为朋友点了"清蒸鳜鱼""盐水大虾"，一个花拼大卤水冷盘、四只大闸蟹、一个"银杏百合炒时蔬"，外带一瓶西凤酒。张老板心想："这几个菜保证朋友们会满意，这套吃法能降低胆固醇，还是从小王那儿学来的。"可是酒过三巡之后，张老板总觉得今天的菜肴好像没有味道，心里挺纳闷！朋友们也有此感觉。小王当时感到疑惑，菜和平时上的一样，怎么今天客人的表情看起来好像不太满意呢？

后来，小王参加了餐饮协会举办的职业点菜员培训班。学习结束后，她才恍然大悟，原来酒水里面还有那么多的学问，怪不得上次张老板他们吃得不怎么开心，问题就出在那瓶"西凤酒"上，吃海鲜是不能喝烈性、高度白酒的，因为烈性酒抢去了海鲜的风头，再好的海鲜在烈性酒面前也显得苍白和暗淡。张老板他们点的海鲜最适宜的酒水应该是竹叶青酒。

以后每逢遇到客人点海鲜时，小王便推荐客人适宜吃海鲜的酒。

妙招24：妙用语言，描述推销

语言是一种艺术，不同的语气、不同的表达方式会收到不同的效果。

一、用生动的语言描述菜品

介绍名菜时，要用生动的语言来描述菜品的典故、寓意等，以引起客人对美食的更大兴趣，使客人产生好感，从而引起食欲，达到购买的目的。

比如，介绍四川的香酥鸭："香酥鸭是四川名菜。这种鸭吃起来外面的皮又酥又香，里面的肉嫩且味道鲜美，与其他鸭相比味道别具一格，不妨品尝一下。"

再如，介绍寓意顺利、高升、成功、吉祥的菜品如"状元豆腐"："相传在南宋乾道四年，应考的秀才、书生都住在一条出了名的状元街巷中，有一位考生家境贫寒，每天只能去买一位老婆婆的豆腐充饥，谁知他后来竟中了状元，于是'状元豆腐'也就出了名。"

推销菜品应多采用描述性的语言，如新鲜的、鲜嫩的、开胃的、不寻常的、流行的、自家酿造的、可口的、美味的、新推出的、更好的、清淡的、棒的、值得回味的、值得推荐的、一号厨师制作的、有折扣等词语，以引起客人的食欲和兴趣。

二、注意身体语言的配合

在进行描述性菜品推销时，还应注意身体语言的配合。

比如，在与客人讲话时，目光注视对方，以示尊重；靠近客人，不要距离太远；客人讲话时，要上前一步靠近客人，随时点头附和，以示听清了，若没有听清，说声"对不起，麻烦您再说一遍好吗"；在向客人推销菜品和回答客人问题时要退后一步，防止说话时口水溅到客人身上或者餐具上。

妙招25：利用机会，借助推销

餐厅服务员向客人介绍和推销菜品时，借助所在餐厅的名气、名人效应、节假日的营销活动来向客人推荐相应的菜式，会起到事半功倍的效果。

一、借助实物推销

实物推销法是借助餐厅产品实物或图片、模型来刺激客户购买行为的一种推销方法。餐厅经营者通过有意识地设计各种刺激物或刺激方法来影响客人的情绪，使之有利于向购买行为转化，从而达到推销产品和服务的目的。

比如，在餐厅门口或客人经过的地方陈列餐厅经营产品和服务的实物模型，张贴产品和服务的图片、招贴画、广告等，从视觉、听觉、嗅觉等方面对客人进行感官刺激，以激发其消费欲望。

二、借助名人效应推销

餐厅可邀请当地知名人士来餐厅就餐，并充分抓住这一时机大力宣传。

比如，给名人们拍照，请名人签名留念，然后把这些相片、签名挂在餐厅里，来提升餐厅的知名度，树立餐厅形象，吸引消费者光顾。

三、借用他人之口推销

借用他人之口的推销方法，其优点是可以通过第三人的话来证明菜品的价值。餐厅服务员可以借用具有一定身份的消费者的话来证明和推销餐厅的菜品，这样就会增加可信度，有利于把菜品推销出去。

比如："毛主席曾赞誉过湖北的武昌鱼，您如果品尝一下，也一定有同感！"

"××集团的王董喜欢这道菜，他说这是他最近吃到的最好的菜。"

"您不愧是行家，美食评论家赵老对这道菜也情有独钟。"

这种借用他人之口的菜品推销方式，会增加可信度，不仅无形中提升客人的身份，还可以增加顾客对于某种菜品的信心，增强顾客的购买欲望，是餐厅服务员进行菜品推销的实用技巧之一。

四、借助节假日推销

推销就是要抓住各种机会甚至创造机会吸引顾客购买，以增加销量。各种节假日是难得的推销时机，餐厅一般每年都要做自己的推销计划，尤其是节日推销计划，使节日的推销活动生动活泼、有创意，以取得较好的销售效果。在推销菜品时，服务员不要忘记向客人传递餐厅的营销活动信息。

比如，最近节日的营销举措、美食节期间的创新菜、店庆时的优惠等信息，这些会激起客人再次光临就餐的欲望。

> **小提示：**
>
> 在推销菜品过程中，餐厅服务员要灵活地借助各种方式与客人建立互信的销售关系，促进销售业绩的不断提升。

妙招26：现场演示，直观推销

特殊的菜品对于顾客来说只是一个抽象的名词，对于有些顾客不甚了解的菜品，餐厅服务员应该给顾客进行详细的介绍。直观的现场演示可以使顾客对菜品的色、香、味、形等各个方面都有清楚的认识，从而勾起顾客的好奇心和购买欲望。这种直观的推销方法，可以让顾客不仅吃得舒服，还可以吃个明白。

情景再现 ▶▶▶

北京某饭庄来了一位广东顾客，服务员赶紧上前引领顾客入座。

顾客说："我听朋友说，你们这里的肉末烧饼特别好吃，我今天是特地来品尝的。"

服务员高兴地说:"感谢您的光临。我们这儿的肉末烧饼是北京的传统美食之一,很受顾客欢迎,要不我拿来,您先看看?"

于是,服务员赶紧为顾客端来了肉末烧饼,可顾客看着烧饼却没表现出想要的意思。

服务员一看,知道顾客肯定是不了解这种食品,于是说:"肉末烧饼之所以这么有名,不仅仅是因为它味道特有,还因为它的制作和食用方法也很特有。"

"那怎么个特有法呢?"顾客问。

服务员就把肉末烧饼的来历和制作方法给顾客说了一遍,并把食用方法亲自演示给了顾客。顾客看着看着食欲大增,不仅要了自己吃的一份,还多要了一份打包带回了家。

以上案例推销的成功,原因在于服务员让顾客对食品有了直观的认识,勾起了顾客的好奇心,这样顾客自然会在服务员的介绍下心甘情愿地点菜了。

餐厅在推销菜肴新品时,也可采用让顾客试吃的方法促销。如服务员用餐车将菜肴推到顾客的桌边,先让顾客品尝,如喜欢就现点,若不合口味就请顾客点其他菜肴,这既是一种特别的推销方法,也体现了良好的服务。还有一种直观的推销形式就是当顾客用过主菜之后,服务员推来带甜品的餐车询问顾客,这样也可以给顾客一个很直观的印象。

妙招27:提供方案,多选推销

餐厅服务员在向顾客推销菜品时,不要只介绍一种或一类菜品、酒水,最好给顾客提供更多菜式、价格等多方面的选择空间,让顾客在经过对比后进行选择。

情景再现

某天中午,一位老妇人带着家人来餐厅用餐。

服务员为她斟上茶,她却生硬地说:"你怎么知道我要红茶?告诉你,我喜欢喝茉莉花茶。"

服务员一愣,礼貌地说:"这是餐厅特意为您准备的,餐前喝红茶开胃,尤其适合老年人。如果您喜欢茉莉花茶，我马上为您送来。"

老妇人脸色缓解下来，矜持地点点头，顺手接过菜单，开始点菜。

"哎呀，你们这里的水晶虾仁怎么这么贵？"老妇人斜着眼看着服务员，"有些什么特点吗？"

服务员面带微笑解释道："我们进的虾仁都有严格的规定。水晶虾仁有四个特点，亮度高、透明度强、脆度大、弹性足，其实我们这道菜利润并不高，是用来为餐厅创牌子的拳头产品。"

"有什么蔬菜吗？"老妇人又问，"现在的蔬菜都不新鲜，不好吃。"服务员马上又说："对，现在的蔬菜是咬不动，不过我们餐厅今天有炸得很软的油焖茄子，菜单上没有，是今天的新菜，您运气真好，尝一尝吧！"服务员和颜悦色地说。

"你还真会讲话啊！"老妇人满意地说。

"请问喝什么饮料？"服务员问道。

老妇人犹豫不决，露出沉思状。

"我们这里有椰汁、粒粒橙、芒果汁、可口可乐……"

老妇人打断服务员的话："来几罐粒粒橙吧。"

这位服务员利用她很强的服务意识和服务技巧，征服了一个很挑剔的老年顾客，让这位顾客得到了满意的服务。

服务员在推销过程中，应尽量用选择问句，而不是简单的"要吗"或"要不要"等的提问句。

比如，服务员向客人推销饮料时，可以有以下3种不同的询问方式。

（1）"先生，您用饮料吗？"

（2）"先生，您用什么饮料？"

（3）"先生，您用啤酒、饮料、咖啡或茶？"

很显然，第三种问法为客人提供了几种不同的选择，客人很容易在服务员的诱导下选择其中一种。

可见，以上示例中第三种推销语言更利于成功推销。

妙招28：合理建议，搭配推销

点菜时，菜的搭配是一个重要问题。就中国菜而言，并不要求每个菜都出色精彩，讲究的是一桌菜要五味俱全，且要搭配合理，咸淡互补，鲜辣不克，让每一种味、每道菜的味道都发挥到极致。因此在顾客点菜时，服务员应给顾客提供一些合理建议，来完善整桌菜品的搭配，让顾客吃得满意。这就要求服务员有一定的餐饮知识，尤其是食品搭配的相关知识，具体如图5-1所示。

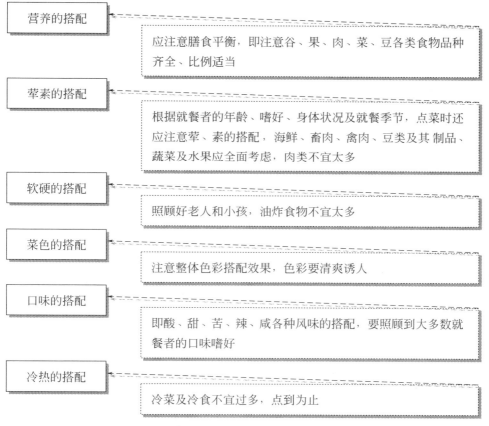

图5-1　食品搭配的相关知识

搭配性推销的方法往往可以收到较好的效果，不仅可以很快把菜品推销给顾客，又能很好地体现服务员优秀的职业素质和服务能力，在顾客得到关爱的同时，还能赢得顾客的信任。

任何消费都有一定的价格标准，餐饮消费价格标准的高低往往反映了消费形式与菜肴的档次，并与菜品的质量有着紧密的关系，而价格标准的高低则主要取决于食材品质的选择与搭配。

作为餐厅服务员，点菜推销的基本功之一就是了解菜品销售价格与质量的关系，在点菜服务过程中灵活运用菜品价格这一工具，针对不同的客人、不同的需求、不同的消费档次，采取巧用份数、菜肴价格分解计算法、加权平均法、消费奖励（赠送法）等销售技巧来赢得客人对菜品价格的认可，从而实现菜品销售。

一、巧用份数法

当一桌的客人人数较多时，通常一盘菜的数量不够分，特别是大家都喜欢吃的菜，餐厅服务员应主动向宾主建议采取"一菜双卖（双份的量）"或"一菜三卖（三份的量）"的方式，取得客人的认可后，将菜的份数准确记录在点菜单上。当丰满的大盘端上桌时，菜香、味足、量大又实惠，定会令客人满意。这种方式适合于人多又希望同坐一桌方便谈话的客人，比如，久别重逢的朋友、同学、战友之类的团聚就餐等。

二、菜肴价格分解法

高档菜品造型高雅，档次高又体面，但价格通常也偏高，顾客因此会犹豫不决，这时餐厅服务员要学会用价格分解法来推销，如"大家共同品尝这道菜，平均每人十几元就能尝到这么美味的菜，多值得啊。"这时餐厅服务员用的是按人数去分解价格的方法，让菜价听起来不再昂贵，客人也就容易接受了。

三、加权平均法

通常一家人来餐厅就餐，男士喜欢体面，显示自己的能力和实力，往往点价位高的菜；而女士觉得没有外人来，家里人不应该太浪费。这时餐厅服务员在肯定男士所点菜品的同时，再介绍一道既美味价位又低的时蔬菜，便可消除女士内心的埋怨。服务员可以说："两个菜一共才花××元，平均起来更实惠，在家里自己做，既做不出这个口味，更享受不到这里的环境和氛围。"

四、赠送法

餐饮业的经营有淡、旺季之分，同样，一天正常营业12小时，也有淡、旺时段之别，餐厅若在淡季（时段）来临之际采取消费到一定额度赠送菜肴或餐券的方法促销，可令顾客皆大欢喜。这种方法适合于刚开业的餐厅或淡季（时段）时，不仅可以给客人带来惊喜，还可以给餐厅积累客源、增加收入。

 **相关链接**

食材搭配原则

1. 色泽搭配

为了让菜品的色泽搭配合理，点菜员需注意以下3个问题。

（1）原料色泽合理组合，以最大限度地衬托出菜点的本质美，应合理利用原料本色，而不应该借助色素。

（2）原料色泽为菜品服务，当以味为主，不能为追求色泽艳丽而大量采用没有价值的或口感不好的生料作为菜点的装饰点缀品，以免会喧宾夺主。

（3）防止原料色泽组合混乱。注意主料与配料、菜与菜、菜与桌面及餐具的色泽调配，给客人带来美的艺术享受。

2. 造型搭配

菜品造型是指菜品的整体形态表现，它是体现菜品质量的标准之一。菜品良好的艺术造型，可烘托就餐的气氛。菜品的艺术造型，要求丰富而美观，体现出和谐统一的崭新形象。

3. 口味搭配

一般来说，原料不同，口味各异。原料不仅是菜品风味的基础，还会提供不同的味型。如"心心相印"这道菜选用鸡心、猪心，经熘、爆制作而成，菜品红润、滑爽，具有两种不同的口味，并用黄瓜、胡萝卜切片围成两个心形。此菜双味，造型别致，风味独特，寓意新郎新娘心心相印，永不分离。

4. 荤素搭配

菜品中荤素食材搭配比例要适当。素菜多了会使人感到素淡无味，冲淡客人的气氛，荤菜多了又会使人觉得腻口。一般冷菜的荤素搭配是5∶4的比例，热菜的荤素搭配比例约为7∶3为宜。

5. 食材与盛装器皿搭配

菜品的盛器虽然不具有可食性，但却是构成菜点的不可缺少的组成部分。不同食材组合的菜品要用不同的盛器与之配合，如果配合恰到好处，则能够使菜肴相映生辉，相得益彰。

第6章 上菜服务

导言

上菜服务就是指餐厅服务员将厨师烹制好的菜品传至餐厅，按上菜程序、上菜位置等将菜品送上餐桌，并进行分菜等一系列工作的总称。上菜服务是餐厅服务员必须掌握的基本技能之一。

妙招29：做好准备，等待上菜

上菜前，服务员应该做好5个方面的准备，具体如下。

一、拆筷套

侧身靠桌，以右手自客人餐位上拿取筷子，自筷子底端撕开筷套后，执筷子下端取出置在筷架上（如不使用筷架，则直接放在骨盘上）。

二、检视

检视餐桌上餐具摆设是否齐全，是否需再给客人添加茶水。

三、持用托盘

服务员持用托盘时应注意以下4个方面。

（1）托盘一定要随时擦拭，保持干净及美观。

（2）不论拿取任何食物、饮料、茶水、碗盘等，都应使用托盘。

（3）托盘应统一用左手托拿，五指张开，置于托盘下，各手指末节及掌心与托盘底部相贴在中央处，手掌与小手臂呈水平状，托拿的高度约在左肋骨下缘。

（4）较高或较重的物品应放在托盘靠身体的一侧，较轻或较小的物品放在托盘四周。放置物品时应逐件放置，并一一地调整重心。

服务员用托盘上菜如图6-1所示。

图6-1 服务员用托盘上菜

 **相关链接**

使用托盘应遵循的原则

为了确保安全与卫生，使用托盘时须遵循以下原则。

（1）托盘面上如无软木皮或其他防滑处理，须铺上带有湿气的毛巾或服务巾（有湿气的毛巾较不会滑动）。

（2）较重的物品放置中央位置，略偏向托盘者的一边。

（3）放置扁平餐具与较小的物品在外围。

（4）如果使用盘盖，不可堆放冷食物在热食物上，因为热气会上升而加热到冷食物。

（5）液体容器（如咖啡壶与水壶等）应尽量放在中央位置，如无法按此安排，则壶口不可指向托盘外。

（6）不可将物品跨放在托盘边缘上，以防搬动时会震动发出声响。

（7）普通的瓷器如咖啡杯和衬盘可以堆叠起来。

（8）盛菜的餐盘如没加盖时，应尽可能放置在远离头发的另一边。

（9）不可超量堆叠托盘，可分两次搬运。

（10）托盘常因收拾残盘而弄脏，故应经常揩抹清洁，垫巾也要常常更换以保持整洁。托盘应在营业完毕后送去洗涤，在营业开始前取用。

（11）搬运干净餐盘和搬运残盘的托盘最好分开使用，搬运干净餐盘的托盘也可用于托运没有油腻的用品或用具，如杯子等。

（12）托运轻巧而少数物品时，可将托盘托在左手上，在客人前以右手取物后直接服务客人；如果托运重而且多数物品时，应先将托盘放在服务桌或托盘架上，不可放在客用餐桌上。

四、服务饮料、酒水

上菜前，应先对客人所点的酒水、饮料进行服务。

（1）用托盘盛放杯装饮料或少量的瓶装酒水、饮料，用酒篮盛装多量的瓶装酒。

（2）绍兴酒先倒入公杯内约七八分满，再由公杯分别斟入预先准备的小酒杯，服务人员应视客人饮用情形，随时添加于公杯，同时应附柠檬片或话梅的配料。

（3）酒水应依其适当的温度服务，啤酒应保持冰凉，绍兴酒系列先予温热。

（4）倒酒前，应先将酒瓶擦拭干净；盒装类的果汁开盒之前，应先予摇匀。

（5）对于需添加冰块的饮料，则以冰桶盛装冰块帮客人添加。

五、等待

上菜前的准备工作就绪后，等待传菜员按菜单所列顺序逐项传送上桌，并由服务员提供客人服务。

妙招30：规范操作，讲究礼仪

上菜看似是一项简单的工作，实则不然，上菜服务也有一定的技巧，也需要讲究相应的礼仪。具体如下。

（1）服务前必须依客人所点的菜单尽快调整餐具与酒杯，如此不但可节省时间与免于服务时手忙脚乱，同时也可由摆妥的餐具来辨认客人所点的菜，因而可减少上菜的混乱。

（2）增减餐具时，须使用垫有口布的托盘来运送，且必须小心轻放，避免餐具互相碰撞发出声音。

（3）热菜须趁热上桌，凉菜须趁冷上桌，加盘盖的菜须在上桌后才打开盖盘（打开时盖口立即朝上，以防滴水，正因加盖会凝结水，所以油炸食物不可加盖），以维持食物应有的品质。

（4）凡要上桌的杯盘都须预先擦拭底部，尤其是刚从厨房端出来的菜盘或餐盘，并且注意杯口或盘缘是否干净，其他上桌的物品也一样。杯口不净须立即更换，菜盘缘不净则可以服务巾擦净。

（5）同步上菜同步收拾是餐厅服务的原则之一，除非客人有特别的要求。在同一组的客人之中，同一种菜单项目须同时上桌，如有人缺点一项，仍须等大家都吃完这一项之后，才能和其他的人一样同时上下一道菜给他。

（6）上完一道菜以后，在同桌客人即将全部吃完这一道菜时，服务员就须从厨房端出下一道菜放在服务桌上，这样才能在收拾好上一道菜的残盘后，可以立即上下一道菜。

（7）如果厨房无法及时出菜，只好预先收拾残盘，决不可让客人吃完一道菜以后，久久看不到服务员的踪影。预先收拾残盘的做法，除可以保持桌面的整洁外，也可避免让客人有被忽视的感觉。

（8）收拾残盘也须等到所有的客人都吃完后才能开始，如果有人还未吃完就开始收拾的话，未吃完的人会以为在催促他赶快吃，这是极不礼貌的行为。

（9）如果餐盘已空无一物，当然可知吃完，如果盘中尚有食物，但是客人已停手不动，可视状况来判定是否还用，若有疑问或不确定时，可轻声询问客人是否已不食用。

（10）收盘时不要忘掉把餐桌上已用不着的餐具一起收走，若客人用错餐具收走后，也不要忘记在下一道菜上桌前及时补上。

（11）从客人右侧以右手收起第一主宾的残盘，收盘时必须注意客人的手势，必要时可以轻声说句对不起，以唤起客人的注意，以免发生意外。接着依顺时针方向进行收盘。

（12）使用托盘的基本要领是平均分配放置物品的重量，一定使其重心落在托盘正中央。

（13）菜肴常有一定的附带调味酱，热的调味酱都由厨房准备，冷的则由服务员从服务桌处取用。

（14）凡是有骨头或甲壳的菜肴，可以每2～4位客人供应点心盘一个，让客人放置取出的骨头或甲壳，并且随时更换，这样既够用，也不影响美观。

（15）水杯须随时添加到1/2～1/3杯高，始终保持适当的水量，一直摆放在餐桌上直至客人结账离去。

（16）服务大瓶装饮料时，习惯上可用手持瓶，不用托盘，因为大瓶子重心较高，用托盘搬运容易翻倒。因此，玻璃杯就以左手用托盘运送，而瓶子就以右手持着，而重心较低的小瓶装饮料则不须如此。此外，装在酒篮中的酒瓶以及装在冰桶中的酒瓶，因不会倒翻，也不须如此。放瓶装饮料在餐桌上时，必须使用瓶垫垫着，特别是冷藏过的饮料，以防凝结水沾湿台布。

（17）上热汤、热咖啡、热茶或其他有热汁的菜时，要特别小心，不然会导致烫伤。为了减少意外，上桌或收拾时，永远记住说声"对不起"，这样做不但可以表现礼貌，同时也可提醒客人后面有人要来服务了。

（18）服务员必须有好的记忆力与组织能力，以便有效、快速地服务各桌客人的每道菜。离开服务区域到厨房时，须注意一下客人是否正要召唤自己，让客人经常交汇到服务员的眼光是非常重要的，这种小动作不但能随时发现客人的需要，而且也可使客人知道服务员随时都在待命服务他。

上菜服务注意事项

（1）检查自己的双手、指甲（不能留长指甲，更不宜涂指甲油）是否已经清洗干净。

（2）端菜上桌时，要确认自己已经将盘子拿稳，不会倒翻。

（3）确认自己没有将手指触碰到食物。

（4）每上一道菜都要向客人报上菜名。

（5）上菜的顺序一般是：先上冷盘，然后开始上热菜，头一道热菜是本次宴席最名贵的大菜，如燕窝、鱼翅，接着才上汤（有燕窝就不要汤了）、炒菜、甜菜、点心、主食，最后上水果、糖水。

（6）上菜前要查看菜里有无异物，查看菜的色泽、摆放、新鲜程度，有问题的马上退回厨房处理，严禁在客人面前做吹、翻等动作。

（7）不能在主位的两侧上菜，否则会影响主宾的活动（敬酒、演讲、劝菜等）；也不能在小孩子的两侧上菜，防止爱动的小孩发生突然的碰撞。

（8）菜品不要一股脑儿全部上齐，也不要让客人呆坐着等下道菜。

（9）新上的菜应放在主宾面前，将之前的菜移至副主宾面前或其他位置。

（10）一般大菜、高档菜、盛放在大盘子里的菜、新上的菜都可放在桌子的中间，其他小盘的菜、换上小碟的菜放在转盘的边缘位置，当菜上完时，服务员应提醒客人："你们点的菜上齐了，现在上主食吗？"这也就等于告诉客人：宴席即将结束。

妙招31：中餐上菜，先冷后热

一、上菜原则

中餐上菜应掌握如图6-2所示的原则。

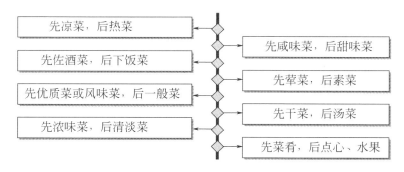

图6-2　中餐上菜的原则

二、上菜顺序

中餐上菜的一般顺序是：先冷盘，后热炒、大菜、汤，中间穿插面点，最后是水果。具体如下：

（1）第一道菜上冷盘。在开席前几分钟端上为宜。客人入座开席后，服务员即通知厨房准备出菜。

（2）当客人吃去2/3左右的冷盘时，就上第一道炒菜（在上炒菜前，应更换一次骨盘），把菜放在主宾前面，将没吃完的冷盘移向副主人一边。其后几道炒菜用同样方法依次端上，但需注意前一道菜还未动筷时，要通知厨房不要炒下一道菜。若客人进餐速度快，就须通知厨房快出菜，防止出现空盘空台的情况。

（3）炒菜上完后，上第一道大菜前（一般是鱼翅、海参、燕窝等），应换下用过的骨盘。

（4）第一道大菜上过后，视情况或上一道点心，或上第二道大菜。

（5）在上完最后一道大菜和即将上汤时，应低声告诉副主人菜已上完，提醒客人适时结束宴会。

> **小提示：**
>
> 由于我国菜系繁多，一些地方在上菜程序上也不完全相同，这就要根据宴席的类型、特点和需要，因人、因时、因事而定，特殊情况特殊处理。

三、上菜注意事项

（1）按照我国的传统习惯，上整鸡、整鸭、整鱼时，应该注意"鸡不献头，鸭不献尾，鱼不献脊"。即上菜时将其头部一律向右，脯（腹）部朝主人，表示对客人的尊重。

（2）上每一道菜时，服务员应站直后报出菜名，并向客人介绍菜肴特色，以活跃用餐气氛。

（3）核对台号和菜肴名称，避免菜肴上错。

（4）适时整理台面，留出摆菜位置。

（5）先上调味品，再用双手将菜肴端上；主动报菜名，对特式菜肴要介绍其主要原料、烹制过程和典故等。

（6）餐桌上严禁盘子叠盘子，随时撤出空菜盘。

妙招32：西餐上菜，先宾后主

西餐上菜与中餐不同，西餐是先由厨师将菜装在一只专用的派菜盘内，由服务员分派。派菜时，应该站在客人的左边，左手托盘，右手拿叉匙分派。西餐的派菜次序是女主宾、男主宾、主人和一般客人。西餐宴会的菜点，由于标准和要求的不同，道数有多有少，花色品种也不一样。以下介绍西餐宴会八道菜点的一般上菜顺序和方法，具体如下。

一、上面包白脱

将热的小梭子面包装在小方盘内，盖上清洁的口布，另用小圆盘装上与客数相等的白脱，在开席之前五分钟左右派上；白脱放在起司盘右上角，面包放在盘子中间，口布盖住面包，白脱刀移到白脱盅上。

二、上果盘

果盘是一盘多种美味的冷菜，应端到客人左侧，由客人自己选取。如果是吃水果杯，将水果杯放在座位前的点心盘内，将茶匙也放在盘内。这些工作，必须在客人进入餐厅之前做好。吃果盘是放刀叉的，如果客人将刀叉合并直放在盘上，就是表示不再吃了。在大多数客人这样表示后，就可以开始收盘。收盘应用小方盘，左手托盘，右手收盘，在客人的左边进行。第一只盘放在托盘的外面一点，刀叉集中放在托盘的一头，留出近身的地方叠放其余的盘子，将余菜都集中在第一只盘内，这样，菜盘容易叠平多收，重心较易掌握，不致滑下打碎。以下的收盘方法相同。

三、上汤

西餐的汤，分清汤和浓汤两种，清汤又分冷清汤和热清汤两种。汤须盛于汤斗内，运上落台分派。清汤的盛器是带有二耳的清汤杯，浓汤用汤盆。夏季多用冷清汤，须将清汤杯冰得很冷。清汤杯除已有清汤杯的底盘外，还应该再垫上点心盘作垫盘，将清汤匙放在汤杯的底盘内。浓汤须用热盆来盛，可以保持汤的味美。上汤要垫上底盘，手应握着底盘盘边，手指不可触及汤汁。

四、上鱼

鱼有多种，烹调方法也不相同。有些鱼菜要有沙司，如炸鱼要带鞑靼沙司；分盘的鱼应带的沙司已放在盘内，不必另派。

五、上副菜

副菜一般称为小盘，具有量轻、容易消化的特点，如红烩、白烩、烩面条、各种蛋和天妇罗等。吃副菜用鱼盘和中刀叉。

六、上主菜

主菜又称大盘，跟有几色蔬菜和卤汁。在派好大盘后，将蔬菜和卤汁紧紧跟上。此外，还带有沙拉。盛主菜应用大菜盘，盛沙拉应用半月形的生菜专用盘（如果没有生菜盘，可用起司盘代替），放在主菜盘前面。

七、上点心

点心的品种很多，吃点心用的餐具也不同。如吃热的点心，一般用点心匙和中叉，吃烩水果一类的应摆上茶匙。吃冰激凌，应将专用的冰激凌匙放在底盘内同时端上去。

八、上奶酪

奶酪又叫起司。先用一只银盘垫上口布，摆几种干酪和一副中刀叉，另一盘摆上一些面包或苏打饼干，送到客人左手，任客人自己挑选。吃完干酪，应收去台上所有餐具和酒杯，只留一只水杯（如来不及收，酒杯可暂时不收），并刷清台面上的面包屑等。

妙招33：把握时机，灵活上菜

酒席宴会的上菜要掌握时机。上菜的时机一般是根据中餐、西餐以及各地的上菜规矩与习惯，以及根据客人的要求和进餐的快慢灵活掌握。

一、中餐酒席

一般的中餐酒席是先上冷盘，开始吃冷盘时，就可以一道一道上热炒，等冷盘和热炒被吃完半数就开始一道一道地上大菜。一般酒席在上最后一道菜或汤之前，要低声向客主打个招呼，以提醒客主，菜已全部上完，询问有无其他要求。

 情景再现 ▶▶▶

某餐厅，晚宴，宾主到齐，客人入座，只听副主人大喊"服务员，这菜是中午的吧"。服务员看了看，小心地回答道："是今天晚上新鲜的。"客人怒道："不可能，要是新鲜的，怎么这个大拌菜是蔫的？"（注：大拌菜是由多种新鲜地方蔬菜混拌而成，要求菜叶水灵、新鲜）服务员小心翼翼道："半个小时前还不是这样的，很水灵的。"客人还是不信，最后请来餐厅经理，大家才洞悉原因。原来是客人定餐时讲的是六点开餐，结果路上堵车，大家晚来了半个多小时，服务员没有随机应变，而是按照客人预订时的开宴时间前5~8分钟上凉菜，结果因为时间长，大拌菜水分被盐渍出，而导致观感不好。最后客人表示理解，而餐厅又重新给安排了一个即时的大拌菜，皆大欢喜。

因为客人堵车，导致凉菜上桌时间过长，造成客人误解而投诉，由此可见，把握上菜时间对菜品的新鲜和品质是很关键的。

二、中餐宴会

中餐宴会的上菜时机又有所不同，冷盘一般是在开席前上台摆好，等客人入座开席后，服务员要立即通知厨房出菜。当冷盘被吃去2/3左右时，就要上热炒菜或是大菜中的头菜，等头一道菜动筷后，即可上下一道菜（或汤或面点）。在上最后一道大菜时，应低声告诉副主人"菜已上完"，提醒客人有无其他要求。

三、西餐宴会

西餐宴会上菜时机是，开席前约5分钟上面包，等客人到齐后或宴会开始后上第一道菜（冷盘）。客人每吃完一道菜或是不想吃了，会把餐刀、餐叉、勺并排直摆在桌面或食盘上，这时服务员可以撤盘，然后再上下一道菜（或汤或面点）。如此边撤边上，直到酒席结束。

西餐刀叉摆放的含义如图6-3所示。

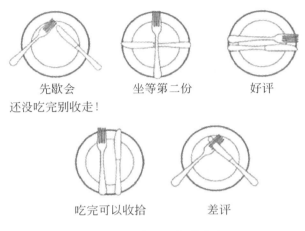

图6-3　西餐刀叉摆放含义

四、冷餐酒会

冷餐酒会一般是在酒会举行前的半小时全部上齐酒水菜点。酒会过程中，服务员只是勤斟酒、整理菜台罢了。

妙招34：选好位置，注意方法

一、选择上菜位置

服务员操作时站在作陪人员之间，即"上菜口"的位置，将菜盘放在转盘中间。凡是鸡、鸭、鱼整体菜或椭圆形的大菜盘，在摆放后转动转盘，将头的位置转向主人，使腹部或胸脯正对主宾。如图6-4所示。

图6-4 服务员为客人上菜

二、介绍菜点

每上一道菜后退一步站好,然后要向客人介绍菜名和风味特点。在介绍前,将菜放在转台上,向客人展示菜的造型,使客人能领略到菜的色、香、味、形、质,边介绍边将转台旋转一圈,让所有的客人均可看清楚。介绍时表情要自然,吐字要清晰。如客人有兴趣,则可以介绍与地方名菜相关的民间故事,有些特殊的菜应介绍食用方法。

三、剩菜和菜盘安排

上新菜之前,应先把旧菜按顺时针挪向下一位客人。如盘中还有部分剩菜,应征询客人是否需要添加,在客人表示不再需要时,方可撤走。如果餐桌上菜盘过于拥挤,在征得客人同意后可以把大盘中的菜点转入小盘中,要保证台面间隙适当,严禁"盘上叠盘"。

妙招35:菜肴摆放,讲究造型

摆菜即将上台的菜按一定的格局摆放好,摆菜要讲究造型艺术,要注意礼貌,以尊重主宾、方便食用为宜。

一、菜肴摆放的要求

摆菜的具体要求如下。

（1）摆菜的位置适中。散坐摆菜要摆在小件餐具前面，间距要适当。一桌有几批散坐客人的，各客的菜盘要相对集中，相互之间要留有一定间隔，以防止差错。中餐酒席摆菜，一般从餐桌中间向四周摆放。

（2）中餐酒席的大拼盘、大菜中的头菜，一般要摆在桌子中间，如用转盘，要先摆到主宾面前。

（3）比较高档的、有特殊风味的菜，每上一道菜，要先摆到主宾位置上，在上下一道菜后顺势撤摆在其他地方，将桌上菜肴作位置上的调整，使台面始终保持美观。

（4）酒席中头菜的正面要对正主位，其他菜的正面要朝向四周。

（5）各种菜肴要对称摆放，要讲究造型艺术。菜盘的摆放形状一般是：两个菜可并排摆成横一字形；一菜一汤可摆成竖一字形，汤在前，菜在后；两菜一汤或三个菜，可摆成品字形，汤在上，菜在下；三菜一汤可以汤为圆心，菜沿汤内边摆成半圆形；四菜一汤，汤放中间，菜摆在四周；五菜一汤，以汤为圆心摆成梅花形；五菜以上都以汤或头菜或大拼盘为圆心，摆成圆形。

菜肴的摆放示意如图 6-5 所示。

图 6-5　菜肴摆放示意

二、菜肴对称摆放的放法

（1）要以菜肴的原材料色彩、形状、盛具等几个方面讲究对称。

（2）同形状、同颜色的菜肴也可相间对称摆在餐台的上下或左右位置上，一般不要并排摆在一起。

（3）摆放时注意荤素、颜色、口味的搭配和间隔，盘与盘之间距离相等。

（4）如果有的热菜使用长盘，其盘子要横向朝主人。

妙招36：特殊菜肴，特殊奉上

对于一些用特殊工艺制作或特殊器具盛放的菜肴，上菜方法也各不相同，具体如下。

一、上拔丝菜

拔丝菜要托热水上，即用汤碗盛装热水，将装拔丝菜的盘子搁在汤碗上用托盘端送上席，并跟凉开水数碗。托热水上拔丝菜，可防止糖汁凝固，保持拔丝菜的风味。如图6-6所示。

图6-6　拔丝菜

二、热菜跟佐料、小料的上菜方法

佐料、小料应同热菜一起上齐，并在上菜时略作说明。

三、上易变形的爆炒菜肴

爆炒菜肴一出锅即立即端上餐桌。端菜时要轻稳，以保持菜肴的形状和风味。

四、上有声响的菜

有些菜如锅巴菜一出锅就要以最快速度端上台,随即把汤汁浇在锅巴上,使之发出响声。做这一系列动作要连贯,不能耽搁,否则此菜将失去应有效果。

五、上原盅炖品菜

原盅炖品菜上台后要当着客人的面启盖,以保持炖品的原味,并使香气在席上散发。揭盖时要翻转移开,以免汤水滴落在客人身上。

六、上泥包、纸包、荷叶包的菜

泥包、纸包、荷叶包的菜要先上台让客人观赏后,再拿到操作台当着客人的面打破或启封,以保持菜肴的香味和特色。

七、生煸火锅上席方法

四生火锅、六生火锅、八生火锅、毛肚火锅,均属生煸火锅一类。此类火锅现在一般燃固体酒精,其上席的操作方法和要求基本相同。这里只对上四生火锅进行简述。

(1) 准备工作。将火锅拿到工作台后,在上席前掀开火锅盖,再检查一下菜肴质量和卫生,然后用大汤瓢舀出适量的汤,盛于大汤碗内,以防止上席后加主、配料时汤汁溅出。在四生碟中,稍许放一点米酒,轻轻晃动一下,使酒浸润碟底,以避免原料因干燥而粘在碟子上。这样做,上席后可顺利将原料拨进火锅。

(2) 将火锅盖好上桌。上桌时,火锅下要放一个盛水的盘子,以防止烤焦台布。上桌摆稳后,先点燃锅底的酒精炉,后将锅盖揭起来。揭盖时要轻轻掀起,在火锅上面将锅盖翻转,以防止锅盖的水珠滴到桌面上,并用另一只手接在锅盖下面拿出桌外。

(3) 上四生碟。如果四生碟子是花色拼盘,须在上火锅前摆在桌上展出。如果是一般的拼盘,在上桌时摆在火锅四周即可。

(4) 加入四生原料。待火锅的汤烧开后,先把配料放进火锅,如白菜、粉丝,再按各主料烹熟所需时间长短,依次用筷子拨进火锅,难熟的先拨入,易熟的后拨入,随即用筷子搅散煮熟。

第7章 分菜服务

 导言

　　分菜服务就是在客人观赏完菜肴后由服务人员主动均匀地为客人分菜分汤,也叫派菜或让菜。分菜服务既体现着餐厅服务员的工作态度,又反映出餐厅的服务水平。

妙招 37：熟悉工具，合理使用

要想为顾客做好分菜服务，服务员就得熟悉分菜工具，并掌握其使用方法。

一、中餐分菜工具

中餐分菜的工具包括分菜叉（服务叉）、分菜勺（服务勺）、公用勺、公用筷、长把勺等，使用方法如下。

（1）叉、勺。服务员右手握住叉的后部，勺心向上，叉的底部向勺心。在夹菜肴和点心时，主要依靠手指来控制，右手食指插在叉和勺把之间与拇指酌情合捏住叉把，中指控制勺把，无名指和小指起稳定作用。

> **小提示：**
> 分带汁菜肴时用服务勺盛汁。

（2）公用勺和公用筷。服务员站在与主人位置呈 90°角的位置上，右手握公用筷，左手持公用勺，相互配合将菜肴分到客人的餐碟中。

（3）长把汤勺。分汤菜，汤中有菜肴时需用公用筷配合操作。

二、俄式服务的分菜工具

俄式服务的分菜工具主要有叉和勺，通常以不锈钢材为主。

一般是勺在下，叉在上，右手的中指、无名指和小指夹持，拇指和食指控制叉，五指并拢，完美配合。这是俄式服务最基本的技巧。

三、法式服务的分菜工具

法式服务的分菜工具主要有服务车、分割切板、刀、叉，以及分调味汁的叉和勺。

（1）分让主料，将要切分的菜肴取放到分割切板上，再将切板放在餐车上。分切时左手拿叉压住菜肴的一侧，右手用刀分切。

（2）分让配料、配汁，用叉勺分让，勺心向上，叉的底部向勺心，即叉勺扣放。

妙招38：准备餐具，展示菜肴

服务员在进行分菜服务前，应做好以下准备工作。

一、分菜餐具准备

分炒菜前，服务员应按客人的人数准备分菜所需相应数量的骨碟；分汤菜前，则应准备分汤菜所需相应数量的汤碗与长把汤匙；分蟹类菜肴前，应按相应的人数准备好骨碟与蟹钳等。

二、分菜工具准备

分菜前服务员应将分菜所需的工具、用具准备齐全，如分菜所需的餐刀、餐叉、餐勺、筷子、汤匙及垫盘、餐巾等。

三、菜肴展示

在为客人提供分菜服务前，服务员将菜肴端至客人面前（或放在餐桌上或端托在手上）为客人作菜肴展示，同时应向客人介绍菜肴的特点、烹调方法等有关内容。应将菜肴的观赏面朝向客人，利用转盘的旋转，按顺时针方向徐徐转动转盘一周，如用托盘端托展示时，应用左手端托，右手扶托，将菜托至与餐桌平行的高度，服务员应站立在第一主宾或第一主人视线的最佳位置，同时又要兼顾到其他客人的观赏，如可选在第一主人或第一客人斜对面进行菜肴展示。当客人观赏完毕后，即可进行分菜服务。

妙招39：了解方法，学会操作

分菜有餐台分菜法和旁桌分菜法两种。

一、餐台分菜法

餐台分菜又可以分为分让式和二人合作式，具体如下。

（1）分让式。服务员站在客人的左侧，左手托盘，右手拿叉与勺，将菜在客人的左边派给客人。

（2）二人合作式。将菜盘与客人的餐盘一起放在转台上，服务员用叉和勺将菜分派到客人的餐盘中，并将各个餐盘放入托盘中，由另一名服务员分别派给客人。

二、旁桌分菜法

旁桌分菜法，又称服务台分菜法、边桌分菜法。服务员将菜肴展示给客人后，将菜肴端至备餐台或服务车上，将菜快速、均匀地分派到盘中，然后再装入托盘送至餐桌，按先宾后主的顺序依次从客人的右边送上，并用礼貌用语"您请用"。多余的菜肴经过整形后再重新摆上餐桌。

三、分菜的基本要求

分菜时有以下基本要求。

（1）将菜点向客人展示，并介绍名称和特色后，即可分让给客人，每一桌服务人员的分菜方法应一致。

（2）分菜时要留意菜的质量和菜内有无异物，及时将不合标准的菜送交厨房更换。客人表示不要此菜，则不必勉强。此外，应将有骨头的菜肴，如鱼、鸡等的大骨头剔除。

（3）分菜时要胆大心细，掌握好菜的分量与总量，做到分派均匀。

（4）凡配有作料的菜，在分派时要先蘸（夹）上作料，再分到餐碟里。

（5）在分汤后为客人换一条新毛巾。分菜的托盘既要美观又要干净，不要将菜汁滴落在盘边。

妙招40：特殊菜肴，特殊分配

对于特殊菜肴，服务员要特殊对待。

一、造型菜肴

服务员可将造型的菜肴均匀地分给每位客人，如果造型较大，可先分一半，处理完上半部分造型物后,再分余下的一半。也可将可食用的造型物均匀地分给客人,不可食用的,分完菜后撤下。

二、卷食类菜肴

一般情况是由客人自己取拿卷食。如有老人或儿童多的情况,而需要分菜服务,分菜的方法是:服务员将食碟摆放于菜肴的周围,放好铺卷的外层,然后逐一将被卷物放于铺卷的外层上,最后逐一卷上送到每位客人的面前。

妙招41:分汤服务,汤料兼顾

中式桌菜肴内有时会有一道炖汤炖盅类,内含丰富食材,在为客人分汤时,要如何做到汤料兼顾?那就必须熟悉分汤技巧。

(1)准备分汤服务所需餐具。将2个骨盘、分汤匙、服务叉匙及口汤碗摆在餐桌上或转盘上,1个骨盘用来放分汤匙、服务叉匙,另1个骨盘用来协助分汤用,并将口汤碗分别摆放在炖汤的四周。

(2)站在主人右侧,准备分汤。以右手持服务叉匙,左手持骨盘,将汤内主菜及配菜夹起,以盘就匙,平均分到口汤碗内;再以右手持分汤匙,左手持骨盘,将汤舀起,以盘就匙,放入口汤碗内,以八分满为宜;以主客开始依序将分好的口汤碗送到客人面前,最后才分给主人。

(3)分完之后,以托盘将骨盘及服务叉匙收走,留下分汤匙供客人使用。

服务员为客人分汤服务,如图7-1所示。

图7-1 服务员为顾客分汤

妙招42：分鱼服务，完整去骨

分鱼服务，是餐厅服务员应掌握的服务技巧之一。餐厅服务员要想做好分鱼服务，首先应掌握所分鱼的品种及其烹调方法，根据其不同的食用方法进行不同的分割装碟。

一、分鱼用具

常用的分鱼用具有鱼刀、鱼叉、鱼勺。分鱼配用的餐具应根据鱼的烹调方法而定，如分糖醋整鱼时，因其焦酥，可带鱼骨分用，故而应配用餐叉、餐勺；分干烧整鱼、红烧整鱼、清蒸整鱼时，要将鱼骨、鱼肉分离，故而应配用餐刀剔出鱼骨刺及切割鱼肉，配以餐叉、餐勺用于分鱼装碟。

二、分鱼要求

分鱼操作前，应先备好餐碟、刀、叉、勺，并将要拆分的整条鱼向客人进行展示。展示的方法有如下两种。

一种为端托式展示，即餐厅服务员用托盘将放有鱼的盘子托至客人面前，向客人介绍菜肴，在介绍的过程中向客人进行菜的展示。

另一种为桌展，即将烹制好的鱼放在餐台上，然后餐厅服务员向客人介绍菜肴，在介绍的过程中，客人也观察到了鱼的形状。

待餐厅服务员向客人将鱼展示完毕，即可进行分鱼服务。

三、分鱼的方法

分整条鱼大体有如下两种方法。

一种是在餐台上分，即餐厅服务员向客人展示完整鱼后，将鱼转至餐厅服务员处，使鱼呈头朝右、尾朝左、鱼腹朝向桌边，当着客人的面，将鱼进行拆分。

另一种是餐厅服务员向客人展示完鱼后，将鱼拿到服务台或配餐室进行分鱼。

四、分鱼注意事项

分鱼服务时，要求餐刀、叉、勺使用手法得当，不得在操作中发出声响；做到汤汁不滴不洒，保持盛器四周清洁卫生；操作时，动作要干净利落，鱼骨剔出后头尾相连、完整不断，鱼肉去骨后完整美观；分鱼装碟时要均匀、准确。

五、分鱼步骤

由于鱼的品种不同和烹调方法不同，因此分鱼的具体步骤也各不相同。

1.糖醋整鱼的分鱼步骤

分糖醋整鱼时，左手握餐勺压在鱼头处，右手拿餐叉从鱼腹两侧将鱼肉切离鱼骨。由于糖醋鱼较焦脆，因此在操作时要用力得当。待鱼肉切开后，将鱼块分装餐碟中，并用餐勺盛糖醋汁浇于鱼块上，便可分送给客人食用。

> **小提示：**
> 分糖醋鱼时，要速度快，因为它属火候菜，如时间间隔过长，往往直接影响菜肴的口感。

2.清蒸整鱼的分鱼步骤

分清蒸整鱼时，左手握餐叉将鱼头固定，右手用餐刀从鱼中骨由头顺切至鱼尾，然后将切开的鱼肉分向两侧脱离鱼骨，待鱼骨露出后，将餐刀横于鱼骨与鱼肉之间，刀刃向鱼头，由鱼尾向鱼头处将鱼骨与鱼肉切开，当骨、肉分离后，用刀、叉轻轻将鱼骨托起放于鱼盘靠桌心一侧的盘边处，再将上片鱼肉与下片鱼肉吻合，使之仍呈一整鱼状（无头尾），同时餐叉与餐刀配合，将鱼肉切成10等份（按10人用餐），并用餐叉、餐勺将鱼肉分别盛于餐碟中送与客人。

分干烧鱼、油浸鱼与分清蒸鱼步骤相同。

妙招43：分羹服务，食材搭配

分羹的方式与分汤的方式类似，但是羹类的汤汁较为浓稠，且多半会搭配高档的食材为主要内容，如鱼翅，因此分羹的技巧，主要加强注意高档食材的平均分配。

操作步骤如下。

（1）准备分羹服务所需的餐具。将2个骨盘、分汤匙、服务叉匙、口汤碗及镇江醋，摆在餐桌上或转盘上，1个骨盘用来放分汤匙、服务叉匙，另1个骨盘用来协助分羹用，并将口汤碗分别摆放在羹的四周。

（2）站在主人右手边，准备分羹。以右手持服务叉匙，左手持骨盘，将羹内垫底配菜夹起，以盘就叉匙，适量地分到口汤碗内；再夹取部分的高档主菜，以盘就叉匙，铺放在碗内的垫底配菜上面；再以右手持分汤匙，左手持骨盘，将部分汤汁舀起，以盘就匙，放入口汤碗内，以八分满为宜；将分汤匙放回骨盘上；以主客开始，依序将分好的口汤碗送到客人面前，最后才分给主人。

（3）分送时可询问客人是否需要加醋；分完之后，以托盘将骨盘及服务叉匙收走，留下分汤匙供客人使用。

第8章 酒水服务

餐饮服务难题应对技巧——餐饮服务的100个小妙招

导言

酒水服务具有较强的技术性和技巧性，正确、迅速、简洁、优美的酒水服务可以让客人得到精神上的享受，同时会大大提高消费的档次。

妙招44：遵照程序，做好准备

客人点了酒水之后，服务员要按一定的程序，做好相应的准备工作，为客人做好酒水服务。

一、示瓶

客人点用的整瓶酒，在开启之前都应让主人先过目一下，即示瓶（如图8-1所示）。示瓶标志开始酒水服务操作，表示对客人的尊重，可以核实一下有无误差，证明商品的可靠性。操作步骤如下。

（1）服务员站于主人的右侧，左手托瓶底，右手扶瓶颈，酒标面向客人，让其辨认。

（2）当客人认可时，才可进行下一步的工作。

（3）如果没有得到客人的认同，则去酒窖更换酒品，直到客人满意为止。

图8-1 示瓶

二、冰镇

许多酒品的饮用温度大大低于室温，这就要求对酒品进行降温处理，比较名贵的瓶装酒大都采用冰镇的方法来降温。冰镇的方法有加冰块、加碎冰和冷冻等方法。

用冰桶冰镇，桶中放入中型冰块或冰水共溶物，酒瓶斜插入冰桶中，大约十多分钟后可达到降温效果（如图8-2所示）。用盘子拖住桶底，连桶送至客人餐桌上，可用一块布巾搭在瓶身上。

图8-2　冰镇

三、溜杯

溜杯是一种融表演性与技巧性于一身的降温方法。操作者手持杯脚，杯中放入冰块，然后转动杯子，冰块因离心力的作用在杯内壁上溜滑，使杯壁的温度降低。

四、温烫

有些酒品的饮用温度高于室温，这就要求对酒品进行温烫（如图8-3所示）。温烫有四种常用的方法，即水烫、火烤、燃烧和冲泡，具体如下。

（1）水烫，即将饮用酒事先倒入烫酒器，然后置入热水中升温。

（2）火烤，即将酒装入耐热器皿，置于火上烧烤升温。

（3）燃烧，即将酒盛入杯盏内，点燃酒液以升温。

（4）冲泡，即将沸滚饮料（水、茶、咖啡等）冲入酒液，或将酒液注入热饮料中去。

图 8-3 烫酒

不同酒品的适饮温度

1. 白酒的适饮温度

中国白酒有的讲究"烫酒"。普通的白酒用热水"烫"至20～25℃时给客人饮用,可以去酒中的寒气。但较名贵的酒品如茅台、汾酒则一般不烫酒,目的是保持其原"气"。西方白酒在客人要求下可以加冰块服务,其余的情况是室温下净饮。

2. 黄酒的适饮温度

中国黄酒服务时应温烫至25℃左右。

3. 啤酒的适饮温度

普通啤酒的最佳饮用温度是6～10℃,所以服务前应略微冰镇一下,但应注意的是不能镇得太凉,因啤酒中含有丰富的蛋白质,在4℃以下会结成沉淀,影响观感。

4. 白葡萄酒的适饮温度

葡萄酒都应冷冻后服务,味清淡者温度可略高,约10℃,味甜者冷冻至8℃为宜。另外,由于白葡萄酒的芬芳香味比红葡萄酒容易挥发,白葡萄酒都是在饮用时才可开瓶。饮前把酒瓶放在碎冰水内冷冻,但不可放入冰箱内,因为急剧的冷冻会破坏酒质及白葡萄酒的特色。

5.红葡萄酒的适饮温度

红葡萄酒一般不用冰镇,在室温下饮用,饮用温度在18~20℃。饮用前服务员先开瓶,放在桌子上,使其温度与室内温度相近,其酒香洋溢于室内。但在30℃以上的暑期,要使酒降温至18℃左右为宜。

6.香槟酒的适饮温度

香槟酒必须冰冻后才可以饮用。为了使香槟酒内的气泡明亮、闪烁久一些时间,要把香槟酒瓶放在碎冰内冷冻到7~8℃时再开瓶饮用。

妙招45:掌握方法,开启酒水

酒水在上餐台斟酒前,应先将瓶盖或塞打开,即开瓶或开塞。

一、开瓶基本程序

开瓶的基本程序如下。

(1)开塞前应避免酒体的晃动,否则汽酒会造成冲冒现象,陈酒会造成沉淀物窜腾现象。

(2)将酒水瓶揩拭干净,特别是将塞子屑和瓶口部位擦干净。

(3)检查酒水质量,如发现瓶子破裂或酒水中有悬浮物、浑浊沉淀物等变质现象,应及时调换。

(4)开启的酒瓶酒罐应该留在客人的餐桌上,下面需用衬垫,以免弄脏台布。

(5)开启后的封皮、木塞、盖子等物不要直接放在桌上,应在离开时一并带走。

小提示:

在开瓶过程中,动作要轻,以免摇动酒瓶时将瓶底的酒渣泛起,影响酒味。开瓶前,应持瓶向客人展示。

二、开瓶技巧

1.罐装酒水

打开罐装酒水,首先应将酒罐的表面冲洗干净并擦干,左手固定酒水罐,用右手拉酒水罐上面的钥匙扣，打开其封口。须注意的是，开启这类酒品，会有水汽喷射出来，因此，服务员在开启易拉罐时，应将开口方朝外，不能将开口对人，并用手遮握，确保安全，以示礼貌。

> **小提示：**
>
> 在开罐装酒前尽量避免摇晃，以免酒气溢出。

2.瓶装啤酒和饮料

首先将酒水瓶擦干净，将啤酒瓶或饮料瓶放在桌子的平面上，左手固定酒水瓶，右手持开瓶器，轻轻地将瓶盖打开。开瓶后，不要直接将瓶盖放在餐桌。

3.葡萄酒

开启葡萄酒时，先将葡萄酒瓶擦干净。将干净的餐巾包住酒瓶，商标朝外，拿到客人的面前，让客人鉴定酒的标签，经过客人认定酒的名称、出产地、葡萄品种及级别等符合自己所点的品种与质量后，再打开葡萄酒。

葡萄酒的开瓶方法是用小刀将酒瓶口的封口上部割掉，用干净的餐巾把瓶口擦干净，再用开瓶器从木塞的中间钻入，转动酒钻上面的把手，随着酒钻深入木塞，酒钻两边的杠杆会往上仰起，待酒钻刚刚钻透木塞时，两手各持一个杠杆同时往下压，木塞便会慢慢地从瓶中升出来。

将葡萄酒的木塞递给主人，请主人鉴定，再用餐巾把瓶口擦干净，斟倒少许酒给主人品尝。注意手握酒瓶时，不要覆盖标签。待客人品尝后，从女士开始斟酒。

4.香槟酒

开香槟酒时，首先将瓶子擦干净，然后放入冰桶中，连冰桶一起送到主人右边。将香槟酒从桶内取出，用餐巾将瓶子擦干，用餐巾包住瓶子，商标朝外，请主人鉴定。主人认可后，将酒瓶放在餐桌上并准备好香槟酒杯。

左手持瓶，右手撕掉瓶口上的锡纸。左手食指牢牢地按住瓶塞，右手除掉瓶盖上的铁丝及铁盖，瓶口倾斜约45°。用右手持一块干净餐巾紧紧包住瓶口，这时，由于酒瓶倾斜，瓶中会产生压力，酒瓶的木塞开始向上移动，然后右手轻轻地将木塞拔出。

> **小提示：**
>
> 注意瓶口不要朝向客人，以防木塞冲出。用干净的餐巾将瓶口擦干净，先为主人斟倒少量的香槟酒，请主人品尝，得到主人认可后，从女士开始斟倒。

5.烈性酒

烈性酒的封瓶方法常见的有两种：一种是塑料盖，一种是金属盖。前者外部都包有一层塑料膜，开瓶时先用火柴将塑料膜烧化取下，然后旋转开盖即可。后者瓶盖下部常有一圈断点，开瓶时用力拧盖，使断点断裂，便可开盖；如遇有断点太坚固，难于拧裂的，可先用小刀将断点划裂，然后再旋转开盖。

三、开瓶注意事项

在开酒瓶时，有以下事项需要注意。

（1）开瓶后的封皮、木塞、盖子等杂物，可放在小盘子里，操作完毕一起带走，不要留在餐桌上。

（2）开启带汽或者冷藏过的酒罐封口时，常有汽液喷射出来，因此在客人面前开启时，应将开口对着自己，并用手遮挡，以示礼貌。

（3）开香槟酒的方法。香槟酒的瓶塞大部分压进瓶口，有一段帽形物露出瓶外，并用铁丝绕扎固定。开瓶时，在瓶上盖一条餐巾，左手斜拿酒瓶，大拇指紧压塞顶，用右手拧开铁丝，然后握住塞子的帽形物，轻轻转动上拔，靠瓶内的压力和手的力量将瓶塞拔出来。操作时，应尽量避免发出响声，尽量避免晃动，以防酒液溢出。

 相关链接

如何展示酒瓶标签

由于各种酒的品种和产地非常多，因此在开瓶之前，都应让顾客鉴定一下酒的名称、商标、产地、年限和级别等内容。做好这项服务程序的目的，是让顾客鉴定该酒的质量，同时也是表示对顾客的尊重。实际上，展示酒瓶商标还是开瓶服务的一部分。

（1）服务员站在主人（点酒水的人）的右侧，左手托瓶底，右手持瓶，酒的标签朝向顾客，距顾客面部距离约45厘米，以方便顾客查看与鉴定。

（2）左手与瓶底之间垫一块折叠整齐的干净布巾，右手持不带标签的那一面靠近瓶颈底的部位，以方便握瓶和显示标签。

（3）展示香槟酒标签时，左手托瓶底，右手大拇指和食指夹住瓶口，这时瓶颈正好在右手虎口处，这是因为一些香槟酒瓶上部较粗，不容易握住，因此，采用这一种方法可以握牢，同时，也是为了更好地展示香槟酒的全部标签。

（4）应使用标准开瓶器所附的特殊小刀将铅封去除；割开铅封的地方可在瓶颈上方外凸部分，或外凸部分下方，以避免铅封与酒相接触。

（5）瓶口边缘通常较脏，特别是在酒窖中储存较长时间后，因此必须先以干净的白色餐巾擦拭。

（6）用杠杆式开瓶器的螺旋形铁锥平稳而缓慢地拉起瓶塞，当瓶塞快要脱离瓶口时，用手轻轻将塞子拉出。注意不要让螺旋形铁锥穿透瓶塞，否则塞屑会掉入瓶中。

（7）拉出瓶塞后，再用餐巾擦拭瓶口，并闻一闻瓶塞，检查是否有显示该瓶酒已变质的异味，必要时可更换另一瓶酒。检查完毕后，将酒倒一些给主人品尝，如果主人表示满意，再给顾客倒酒。

妙招46：把握要领，斟倒酒水

无论是中餐还是西餐，在就餐服务中都应由服务人员提供斟酒服务，尤其宴会服务中斟酒服务运用最多。

一、斟酒的姿势与位置

服务人员斟酒时应注意姿势与位置，具体如下。

（1）服务员站在客人的右后侧，面向客人，将右臂伸出进行斟倒。

（2）身体不要贴靠客人，要掌握好距离，以方便斟倒为宜。

（3）身体稍微前倾，右脚伸入两椅之间，是最佳的斟酒位置。

（4）瓶口与杯沿应保持一定距离，以1～2厘米为宜，切不可将瓶口搁在杯沿上或采取高溅注酒的方法。

（5）斟酒者每斟一杯酒，都应变一下位置，站到下一个客人的右侧。

（6）不得左右开弓、探身对面、手臂横越客人的视线。

（7）凡使用酒篮的酒瓶，酒瓶颈背下应衬垫一块口布或纸巾，防止斟倒时酒液滴出。

（8）凡使用冰桶的酒瓶，从冰桶取出时，应以一块折叠的布巾护住瓶身，可以防止冰水滴洒弄脏台布和客人衣服。

二、斟酒量

服务人员斟酒时应注意斟酒量，具体要求如下。

（1）中餐在斟倒各种酒水时，一律以八分满为宜，以示对客人的尊重。

（2）西餐斟酒不宜太满，一般红葡萄酒斟至杯的1/2处，白葡萄酒斟至杯的2/3处为宜。

（3）斟香槟酒分两次进行，先斟至杯的1/3处，待泡沫平息后，再斟至杯的2/3处即可。

（4）啤酒顺杯壁斟，分两次进行，以泡沫不溢为准。

三、斟酒顺序

中西餐斟酒顺序是不同的，具体见表8-1。

表8-1　斟酒顺序

序号	类别	斟酒顺序	备注
1	中餐	（1）从主宾开始，按男主宾、女主宾、再主人的顺序顺时针方向依次进行 （2）如果是两位服务员同时服务，则一位从主宾开始，另一位从副主宾开始，按顺时针方向依次进行	（1）客人入座后，服务员及时问客人是否先喝些啤酒、橘子汁、矿泉水等饮料 （2）宴会开始前10分钟左右将烈性酒和葡萄酒斟好
2	西餐	（1）顺序为女主宾、女宾、女主人、男宾、男宾、男主人，妇女处于优先地位 （2）重要外交场合，特别是国宴，先从男主宾开始，斟酒过程也采用顺时针方向依次渐进	西餐宴会用酒较多，几乎每道菜有一种酒，吃什么菜跟什么酒，应先斟酒后上菜

四、白酒操作

1. 开启

在开启白酒之前，应首先让客人过目一下，一是表示对客人的尊重，二是核实一下有无差错，三是证明酒品的可靠。这时，服务员可站在主要饮者的右侧，左手托瓶底，右手握瓶颈，商标面对客人，让客人确认。

2.斟酒

斟酒时打开酒瓶盖，站在客人的右侧，从客人右侧斟酒，注意不可站在同一位置为两位客人同时斟酒。

（1）斟酒的顺序是先斟给主人右边的一位，再按逆时针方向绕桌斟酒，主人的酒最后斟。

（2）斟酒时，瓶口不要碰到杯口，以防把杯子碰坏或将杯碰翻，但也不要拿得太高，以免酒溅出。

（3）当不慎将酒杯碰翻或碰碎时，应向客人致歉，立即调换，并迅速铺上抹布，将溢出的酒吸干。

（4）如果溅酒在宾客身上，要及时递送毛巾或餐巾协助擦拭，但如果对方是女宾，男服务员不要动手帮忙。

（5）宴会中斟酒时，应由宾客选择用哪一种酒，服务员不得自作主张。

白酒的展示与斟酒操作如图8-4所示。

图8-4　白酒展示与斟酒

五、葡萄酒操作

1.换瓶

换瓶是为了将酒与其沉淀物分离，因此要平稳地把酒倒到另一个容器，让沉淀物留在原瓶底。换瓶也是让"封闭"的葡萄酒透气，使之柔软化的方法。如图8-5所示。

换瓶时先在瓶颈下方摆上一个光源（通常是一支蜡烛），以便看清沉淀物何时快要流出来。

某些酒瓶中会有与酒同色的结晶体沉淀物,它们是在低温状况下沉淀下来的酒石酸盐结晶体,因为这些结晶体比较重,倒酒时仍会在瓶底,所以不需要换瓶。

图8-5 换瓶

2.斟酒技巧

(1)某些要保持较低温度的酒,须用餐巾裹着酒瓶倒酒,避免手温使酒升温。酒杯总是放在客人的右边,所以倒酒也是从客人右边倒,或在客人的面前倒。

(2)为保有酒香,酒瓶口与酒杯的距离不能太远,所有的红葡萄酒倒酒时瓶口几乎是挨着杯子的。

(3)斟酒最多以杯容量的2/3为宜(白葡萄酒是2/3,红葡萄酒是1/2),过满则难以举杯,更无法观色闻香,而且也是为了给聚集在杯口的酒香留一定的空间。

葡萄酒的展示与斟酒操作如图8-6所示。

图8-6 葡萄酒展示与斟酒

六、瓶装和罐装啤酒操作

如采用标准啤酒杯服务，应将瓶装和罐装啤酒呈递给客人，客人确认后，当着客人的面打开。开启时，应将瓶盖或拉环朝向自己。将酒杯直立，用啤酒瓶或罐来代替杯子的倾斜角度。正确的斟倒程序如下。

（1）瓶口距离杯3厘米处缓慢倒入杯中，不要过猛。通常有两种倒法：一是先将酒杯微倾或顺其边、顺壁倒入2/3的无沫酒液，再将酒杯放正，采用段注法，使泡沫产生；二是采用倾浪潮法倒酒至杯子2/3处，然后使泡沫稍平息，再将酒慢慢倒入，使泡沫徐徐上升，酒液与酒头（泡沫）的比例为5：1为佳。

（2）压力啤酒斟酒时，要将开关开足，忌晃酒瓶；另外还有桶装的扎啤，则常通过机器先转入啤酒壶再倒入啤酒杯，也有直接倒入酒杯的。

（3）往带把的大杯子里倒入300～330毫升啤酒最易出泡，泡沫有防氧化作用，应带着泡沫喝完。斟酒时要分两次倒满，从距杯口20厘米高处倒酒，首先左右摇摆玻璃杯，中途稍作停顿，使泡沫消失一半后再继续倒满。易拉罐啤酒不宜直接对嘴喝，倒在玻璃杯里放掉多余的二氧化碳后再喝，可以感觉柔和一些。

（4）啤酒可不斟满，酒液占2/3或1/2，泡沫占1/3或1/2。酒瓶与酒杯呈直角，酒斟向杯正中，一直斟到泡沫上升到杯口为止，稍候片刻，待泡沫消退一些后，再次向杯子正中斟酒，直至泡沫呈冠状，泡沫高耸却滴酒不溢。如果使用的是一般的玻璃杯，以一口能饮完为宜。

（5）不要在喝剩的啤酒杯内倒入新开瓶的啤酒，否则会破坏新啤酒的味道，最好的办法是喝干之后再倒。因此可以先问一下客人："您需要添点儿酒吗？"懂得这一诀窍的客人就会说："等一下。"然后拿起酒杯把剩酒喝完，让服务员倒上新的啤酒。

七、桶装啤酒操作

桶装啤酒在安装时要小心，必须使用专门的工具。首先冷却酒桶，将其置于台子上，出酒孔向前，稍停15分钟之后（使汽化的二氧化碳重新溶解于酒液），将龙头插进出酒孔，拧紧龙头，以防渗酒、漏气。前10杯啤酒，泡沫较厚，是正常现象。有的酒桶装有龙头开关，只要开启开关即可。正确的操作方法如下。

（1）把酒杯倾斜呈45°角，低于啤酒桶开关2～3厘米，把开关打开。

（2）当倒至杯子一半时，将杯子直立，让啤酒流到杯子的中央，再把开关打开至最大。

（3）泡沫略高于酒杯时关掉开关。酒杯里的泡沫并不是越多越好，根据杯子的大小，一般啤酒要倒入八至九分满，以泡沫头厚约2厘米为佳。

妙招47：酒会酒水，保证供应

酒会，是一种经济简便与轻松活泼的招待形式，服务员在酒会的举办过程中，应做好相应的酒水服务。

一、酒会开始时

所有的酒会在开始的10分钟是最拥挤的。到会的人员一下拥入会场，如果饮料供应不及时，酒吧就有被挤垮的危险。第一轮的饮料，要按酒会的人数，在10分钟内全部完成，送到客人手中。

大、中型的酒会上，调酒师要在酒吧里把酒水不断地传递给客人和服务员。负责酒会指挥工作的经理、酒吧领班还要巡视各酒吧，看看是否有酒吧某些地方超负荷服务，特别是靠正门口右边，因人的习惯比较偏向右边取东西，如果出现服务人手紧张的状况，就应立即抽调人员支援。

二、放置第二轮酒杯

酒会开始10分钟后，酒吧的压力会逐渐减轻。这时到会的人手中都有饮料了，酒吧主管要督促调酒员和服务员将空杯（干净的）迅速放上酒吧台，排列好，数量与第一轮相同。

三、倒第二轮酒水

第二轮酒杯放好后，调酒师要马上将饮料倒入酒杯中备用。大约15分钟后，客人就会饮用第二杯酒水。酒水倒入杯后，装有酒水的酒杯必须按四方形或长方形排列好，不能杂乱，否则客人会误以为是喝过或用剩的酒水。

四、到清洗间取杯

两轮酒水斟完后，酒吧主管就要分派服务员到洗杯处将洗干净的酒杯不断地拿到酒吧补充，既要注意酒杯的清洁，又要使酒杯源源不断地供应。

五、补充酒水

在酒会中经常会因为人们饮用时的偏爱，而使某种酒水很快用完，特别是大、中型酒会中的果汁、什锦水果宾治和干邑白兰地。因此，调酒师要经常观察和留意酒水的消耗量，在有的酒水将近用完时就要分派人员到酒吧调制什锦水果宾治和其他饮料，以保证供应。

> **小提示：**
>
> 有时客人会点要酒吧设置中没有的品种，如果是一般牌子的酒水，可以立即回仓库去取，尽量满足客人的需要；如果是名贵的酒水，要先征求主人的同意后才能取用。

六、酒会高潮

酒会高潮是指饮用酒水比较多的时刻，也就是酒吧供应最繁忙的时间，常是酒会开始10分钟、酒会结束前10分钟，还有宣读完祝酒词的时候。如果是自助餐酒会，在用餐前和用餐完毕时也是高潮。这些时间要求调酒师动作快、出品多，尽可能在短时间内将酒水送到客人手中。

七、清点酒水用量

在酒会结束前10分钟，要对照宴会酒水销售表清点酒水，确切点清所有酒水的实际用量，以便在酒会结束时能立即统计出数字，交给收银员开单结账。

妙招48：中餐宴会，按需斟酒

中餐宴会中，服务员酒水服务应做到如下要求。

（1）大型宴会开始前15分钟左右，摆上冷盘后，斟预备酒。所谓预备酒，一般斟白酒，以示庄重；葡萄酒、啤酒、饮料等不适于预先斟倒。斟倒预备酒的意义在于宾主落座后致辞，然后干杯。这杯酒如果不预先斟好，客人来后再斟，则会显得手忙脚乱。

（2）客人进入休息厅后，服务员招呼入座，并根据接待要求，送上热茶或酒水饮料，同时递上香巾。递巾送茶均按先宾后主、先女后男的次序进行。

（3）待客坐定后，迅速上茶，根据客人的要求斟倒啤酒、汽水、果汁或矿泉水，如客人提出不要，应将客人位前的空杯撤走。

（4）斟酒时，服务员应站在来宾的身后右侧，右脚向前，倾身而进，右手拿瓶斟酒，酒瓶的商标面向来宾。瓶口与杯沿应该保持一定距离，以1～2厘米为宜，斟至八分满。在只有一位服务员斟酒时，应从主宾开始，按男主宾、女主宾、再主人的顺时针方向依次进行。如果是两位服务员同时服务，则一位从主宾开始，另一位从副主宾开始，按顺时针方向依次进行服务。

（5）在宾主互相祝酒讲话时，服务员应斟好所有来宾的酒或其他饮料。在宾主讲话时，服务员停止一切活动。讲话结束后，如果宾主间的座位有段距离，服务员应准备好两杯酒，放在小托盘中，侍立在旁，并在宾主端起酒杯后，迅速离开。如果宾主在原位祝酒，服务员应在致辞完毕干杯后，迅速给其续酒。

（6）当客人起立干杯或敬酒时，应迅速拿起酒瓶跟着客人准备添酒，客人要求斟满杯时，应斟满杯酒。当客人起立干杯、敬酒时，要帮客人拉椅，即向后移，宾主就座时，要将椅子推向前。拉椅、推椅都要注意客人的安全。

（7）服务员要随时注意每位来宾的酒杯，见剩1/3时，应及时添加。斟酒时注意不要弄错酒水。

（8）宴会期间要及时为客人添加饮料、酒水，直至客人示意不要为止。如酒水用完，应征求主人意见是否需要添加。

> **小提示：**
>
> 　　服务员操作时，注意轻拿轻放，严防碰翻酒瓶酒杯，以免影响场内气氛。如果不慎将酒水洒在客人身上，要表示歉意，并立即用毛巾或香巾帮助擦拭。如为女客，男服务员不要动手帮助擦拭，可请女服务员帮忙。

妙招49：西餐宴会，注意搭配

西餐宴会在酒水选用上有一套传统的规则：吃什么菜，饮什么酒，选用什么样的酒杯。接受预订的西餐宴会任务后，宴会厅负责人应先了解宴会的规格、标准、人数，及来宾生活习俗等，以确定宴会菜点和酒水，同时要了解来宾餐前在会面时用茶还是用鸡尾酒。

一、酒水准备

按菜单配好鸡尾酒、多色酒和其他饮料，需冰镇的要按时冰镇好。瓶装酒水要逐瓶检查质量，并将瓶身揩干净。要准备好开水。

二、酒杯准备

摆台布置时摆好酒杯，包括水杯、利口杯、红酒杯、香槟杯等，讲究的要放七道酒杯，简化的只放三道酒杯。

三、餐前鸡尾酒服务

在西餐宴会前半小时或15分钟，通常在宴会厅的一侧或门前酒廊设餐前鸡尾酒，宴前，当客人陆续到来时，先到厅内聚会交谈，由服务员用托盘端上鸡尾酒、饮料巡回请客人选用。

四、餐中酒水服务

安排客人就座后，按先女后男、先宾后主的顺序给客人斟佐餐酒。西餐宴会一般使用多种酒和饮料，斟酒前示意来宾选择，并按次序从客人右边斟酒。在宴会进行的整个过程中，斟酒要按西餐上什么菜斟什么酒、饮什么酒就用什么杯的规定进行服务。上咖啡或茶前放好糖缸、淡奶壶，置于客人的右手边，然后拿咖啡壶或茶壶依次斟上。有些高档宴会需推酒水车给客人送餐后酒。

 相关链接

酒与酒水的搭配

饮食搭配艺术具有很高的感染力，在中西餐用酒方面，存在一定的差异。随着东西方文化和经济的交流，餐饮也正逐渐走出隔阂，走向一致。

1. 酒与酒的搭配规律

酒与酒之间的搭配有一定的规律可循，其复杂程度相对于酒与菜肴之间要小些。酒席间或宴会上如果备有多种酒品，一般的搭配方法如下：

（1）低度酒在先，高度酒在后。

（2）软性酒在先，硬性酒在后。

（3）有汽酒在先，无汽酒在后。

（4）新酒在先，陈酒在后。

（5）淡雅风格的酒在先，浓郁风格的酒在后。

（6）普通酒在先，名贵酒在后。

（7）甘冽酒在先，甘甜酒在后。按照欧美人的饮食习惯，在进餐的尾声才吃甜食，因为"甜"的味觉会影响品尝别的菜肴。所以，喝酒时他们也往往把甜味酒排在最后饮用。如果甘甜酒在先，甘冽酒在后，则会染上"甜"味的痕迹。

（8）白葡萄酒在先，红葡萄酒在后（甜型白葡萄酒例外）。

（9）最好选用同一国家或同一地区的酒作为宴会的用酒。

这样的艺术处理，是为了使每一种酒都能充分发挥作用。凡此种种，都是按照先抑后扬的艺术思想设计的，目的在于使宴会由低潮逐步走向高潮，在完美中结束。

2.酒水与酒水搭配的一般方法

酒水与酒水的搭配没有明显的规律性，人们通常凭自己的兴趣进行搭配。我国民间饮酒常有橘子水冲啤酒、葡萄酒掺果汁等做法；东欧人则喜欢用水兑酒精饮用；英美人喜爱用冰块、冰霜、冰水稀释烈性酒后再痛饮。还有的民族用咖啡兑酒（爱尔兰咖啡）、用奎宁水兑酒（金汤力）、用巧克力配酒一同食用（酒心巧克力）等方法。

除了将酒与其他饮料同时饮用之外，人们还常常在饮酒后再饮用一些其他饮料，比如咖啡、茶、果汁、汽水等。但酒后饮茶在我国不少人认为是不可取的做法。此外，酒后饮汽水毫无疑问是有害而无益的，尤其是饮高度酒之后再饮汽水会加速酒精在血液中的分散，加重酒精中毒。

妙招50：冷餐宴会，服务及时

冷餐宴会又称自助餐会，是西方国家较为流行的一种宴会形式，目前我国也正在兴起。冷餐会适于会议用餐、团队用餐和各种大型活动。

一、迎宾酒水服务

在冷餐宴会开始前半小时或15分钟，一般在宴会厅门外大厅或走廊为先到的客人提供鸡尾酒、饮料和简单的小吃，直到冷餐宴会开始，才请客人进入宴会厅。

二、餐中酒水服务

服务人员进行餐中酒水服务时应注意6点内容，具体如下。

（1）宴会开始时，由客人自由选择入座后，服务员为每位客人斟冰水，询问是否需要饮料。饮料可由客人自取或由服务员送到客人面前由客人选取。

（2）调酒师要迅速调好鸡尾酒，当客人到酒吧取酒或饮品时，要礼貌地询问客人的需要。

（3）客人饮完酒、饮品或不再饮的酒和饮料，服务员要重新更换，保持食品台、收餐台和酒台的台面整洁卫生。

（4）服务员要巡视，细心观察，主动为客人服务，若客人互相祝酒，要主动上前为客人送酒。

（5）主人致辞、祝酒时，事先要安排一位服务员为主人送酒，其他服务员则分散在客人中间给客人送酒，动作要敏捷、麻利，保证每一位客人有一杯酒或饮品在手中，作为祝酒仪式之用。

（6）客人在进餐过程中，服务员应分成两部分，一部分继续给客人送酒、饮品及食品，一部分负责收拾空杯碟，以保证餐具的周转。

妙招51：鸡尾酒会，服务周到

鸡尾酒会一般不拘形式，在酒会大厅摆设一到几个类似自助餐的餐台，陈列小吃、菜肴。摆台多以V形、T形或S形的长台，置于餐厅中间，在餐厅的另一端有一个工作台，上面放着为酒会准备的各种鸡尾酒和其他饮料。酒会的饮料，按惯例以鸡尾酒、啤酒为主，另外再加一些果汁饮料。这些饮料有的备置在餐桌上，但大多数是由服务员拿着酒轮流为客人斟倒。

一、酒会的准备工作

服务人员做鸡尾酒会的准备工作时应把握4个细节，具体如下。

1. 准备酒会形式及设备

根据"宴请通知单"的具体细节要求摆放台形、桌椅，准备所需各种设备，如立式麦克风、横幅等。

2. 吧台

鸡尾酒会临时设的酒吧台由酒吧服务员负责在酒会前准备好。根据通知单上的"酒水需要"栏准备各种规定的酒水、冰块、调酒用具和足够数量的玻璃杯具等。

3. 食品台

将足够数量（一般是到席人数的三倍）的甜品盘、小叉、小勺放在食品台的一端或两端，中间陈列小吃、菜肴。高级鸡尾酒会还准备肉车为客人切割牛肉、火腿等。鸡尾酒会中的各种小吃，一般为长6厘米、宽3厘米的薄片烘面包，刮上黄油作底板，上面铺着各种肉类，如鸡肉、火腿、鸡蛋、鱼子酱等，服务员要干净利落地准备好。

4. 小桌、椅子

小桌摆放在餐厅四周，桌上置花瓶、餐巾纸、烟灰缸、牙签盅等物品，少量椅子靠墙放置。

二、酒会组织工作

宴会厅主管根据酒会规模配备服务人员，一般以一人服务10～15位客人的比例配备人员。专人负责托送酒水、照管和托送菜点及调配鸡尾酒、提供各种饮料。

三、酒会服务工作

鸡尾酒会开始后，每个岗位的服务人员都应尽自己所能为客人提供尽善尽美的服务。

1. 列队迎宾

在入口处设主办单位列队欢迎客人的地方，服务人员一半列队迎宾，在主办单位欢迎客人后，引宾入场。如图8-7所示。

图8-7 列队迎宾

2.斟递酒水

负责酒水服务的服务员,用托盘托好斟满酒水的酒杯在厅内来回穿梭送酒水给客人,自始至终不应间断,托盘内应置一个口纸杯,每杯饮料均用口纸裹着递给客人;要及时收回客人手中、台面上已用过的酒杯,以保持台面的整洁和酒杯的更替使用。最好是分设专人负责上酒水和收酒杯的工作,不要在一个托盘中既有斟好的酒杯,又有回收的脏杯。

3.酒水准备

吧台的服务员要负责在酒会开始前准备好各种需要的酒水、冰块、果汁、水果片和兑量工具等物品。酒会开始后负责斟酒、兑酒和领取后台洗涮好的酒杯,整理好吧台台面,对带汽的酒和贵重酒类应随用随开,减少浪费。各种鸡尾酒的调制要严格遵循规定的比例和标准操作。

4.周到服务

负责菜点的服务员要在酒会开始前半小时左右摆好干果、点心和菜肴,酒会开始后注意帮助老年人取用;随时准备干果、点心;保证有足够的盘碟餐具;撤回桌上和客人手中的脏盘;收拾桌面上用过的牙签、餐巾纸等。

虽然大多数客人在用餐时是边谈边吃,但在餐厅四周仍设有少量座位,这是专供中老年客人和病弱者坐的,服务员要给予照顾。

在服务过程中,要注意不要与同事发生冲撞,尤其不要碰着客人和客人手中的酒杯。

> **小提示：**
>
> 酒会中，不允许服务员三三两两相聚在一起，每个服务员都应勤巡视，递送餐巾纸、酒水和食品。

5.酒会的结束工作

（1）鸡尾酒会一般进行一个半小时左右，酒会结束，服务员列队送客出门。

（2）客人结账离去后，服务员负责撤掉所有的物品，余下的酒品收回酒吧存放，脏餐具送洗涤间，干净餐具送工作间，撤下台布，收起桌裙，为下一餐做好准备。

第9章 餐中服务

 导言

餐中服务是服务员作业流程中的重要一环。一名合格的服务员要眼勤手快,及时满足顾客所需,为顾客创造一个舒心、满意的就餐环境。

妙招52：随时观察，更换骨盘

客人在用餐过程中，服务员应随时观察他们的餐桌，保持客人骨碟的干净，并随时更换脏的骨碟。如图9-1所示。

图9-1　服务员更换骨碟

具体要求如下。

（1）每道菜在客人用毕后，即应更换干净骨盘，以便配合另一道新上菜肴使用，收下的脏碗盘由传菜员上菜后回程时顺便带回。

（2）将干净的骨盘放在托盘上，由客人右侧先将脏盘收起放于托盘上，再由托盘上拿起干净骨盘逐一加以更换。在托盘上取放骨盘时，须注意重心交替的平衡调整。

（3）骨盘上还留有菜肴时，更换前应先征得客人同意。更换骨盘时，如盘上留有汤匙或筷子，则应先放干净新盘，将汤匙或筷子移置于其上后，再收起脏盘子。

（4）更换骨盘时，如餐桌脏乱，应予以擦拭整理，收起空菜盘，并调整桌上菜盘的位置，以方便用餐。

（5）10人以上的餐桌宜分2～3次更换。

妙招53：进餐途中，派送毛巾

为了让客人愉悦地用餐，在进餐途中，服务员应提供小毛巾服务。

一、提供小毛巾的次数

在客人进餐的整个过程中，服务员必须向客人提供4次小毛巾。
（1）当客人入席后送第一次。
（2）当客人吃完带壳、带骨等需用手抓的食物后送第二次。
（3）当客人吃完海鲜后送第三次。
（4）当客人吃完甜食后送第四次。

二、派小毛巾

（1）用毛巾夹把小毛巾从保温箱内取出，放在毛巾篮里，送到餐桌边。
（2）用毛巾夹从客人左边送上，放在客人的毛巾碟内。如图9-2所示。

图9-2　服务员上小毛巾

三、换小毛巾

每次递送之前必须将已用过的毛巾先撤下，撤走和递送不能同用一把毛巾夹。

四、递送小毛巾顺序

递送小毛巾的顺序按照先宾后主、女士优先的原则，并使用礼貌用语。

妙招54：临时加客，及时加位

就餐客人临时增加人数，服务员要立即上前请先到的客人向两侧做挪位，再把补充的餐椅摆在空位上，并请刚到的客人入座；补上相应的餐具；如有小孩就餐，要马上搬来童椅，并抱小孩入座。

以上工作做完后，服务员要小声询问客人是否需要加菜，如客人需加菜，则为客人开单并送厨房。

妙招55：看准时机，撤换餐具

客人在用餐过程中，餐厅服务员应随时为客人撤换餐具。具体操作如下。

一、撤换餐具时机

（1）上羹或汤之前，上一套小汤碗。待客人吃完后，送上毛巾，收回汤碗，换上干净餐碟。

（2）吃完带骨的食物之后，应换上干净餐碟。

（3）吃完芡汁多的食物之后，应换上干净餐碟。

（4）上甜菜、甜品前应更换餐碟。

（5）上水果之前，换上干净餐碟和水果刀、叉。

（6）残渣、骨刺较多或有其他脏物的餐碟，要随时更换。

（7）客人失误，将餐具跌落在地时要立即更换。

二、撤换基本要求

撤盘时，动作要干净利落，不要发出声响，还要符合清洁卫生、摆桌规格等的要求。具体要求如下。

（1）一般情况下，如果菜点数较少，则可以等酒席完毕后再撤盘。如果菜点数较多，则可以分次撤盘，第一次是在冷盘吃得差不多、上热炒菜前；第二次是在大菜吃得差不多、上饭菜前；第三次是在酒席完毕后。

（2）要征得客人的同意。要注意观察客人的动态，等客人吃完一道菜后，稍等片刻，上前礼貌地询问客人是否可以撤掉，得到客人肯定的答复后才能撤换。

（3）徒手撤盘时，要站在客人右侧，用右手撤下餐具，将其放入左手上，然后将左手移到客人身后。严禁将餐具从客人头顶上越过。

（4）撤盘时手指不能伸入盘内，要谨慎小心，不能将残菜或汤汁洒在地上或客人身上。

（5）撤盘时，要把剩菜剩汤用一个碗或盘装起来，一般在客人右边进行。摆盘摆碗时，同品种、同规格的盘碗要摆在一起，直径大的放在下面，直径小的摆在上面，圆盘要摆在条盘上，深口的、直口的盘碗要摆在浅口的、平口的盘碗上。

三、注意事项

（1）撤换时手要卫生。左手可垫上干净的毛巾或餐巾，用右手撤下客人用过的骨碟和小汤碗。如果手指沾上卤汁，可以用毛巾擦干净手指，再给客人换上干净的骨碟和小汤碗。

（2）充分尊重客人的习惯或习俗。比如调换骨碟时，要将新骨碟按调换前的样子摆放。

（3）撤碟一定要征求一下客人意见。如个别客人还没吃完，而新的菜又上桌了，可以先送上一只干净骨碟。

（4）撤换餐盘动作要轻、稳，防止餐具碰出响声。

（5）若餐桌上有剩余食物，切不可用手直接去抓取。服务员应该用叉匙或其他工具拿取，体现文明卫生操作。

（6）对于贵重的菜肴，不要贸然急着撤盘，以免结账时引起麻烦。

情景再现 ▶▶▶

几位客人在某餐厅用餐。他们点了12道菜,其中点了鲍鱼、贝类、螃蟹和鱼肚等。每上一道菜,服务员都为客人报菜名、换骨碟。就餐快结束时,一位醉态朦胧的客人招手让服务员过来结账。他看过账单后,突然不满地对服务员说:"我们根本就没点过'鸳鸯海鲍'和'金钱鱼肚',你们把账算错了。"

"先生,您可能忘记了,刚才是我把这两道菜端上来的,还为您报过菜名,请大家仔细想一想。"服务员微笑着说道。

"不用想,我根本就没点过鲍鱼和鱼肚,桌子上也没有嘛。你们就是把账算错了。"客人大声地叫嚷着。

听到客人的叫嚷声,邻桌客人和服务员都向这边张望,领班也赶过来帮助解决问题。由于客人要的贝类较多,更换盘碟的次数也比较频繁,加上他们吃那两道菜的速度很快,装那两道菜的盘碟已经撤掉,因此餐桌上确实找不到鲍鱼和鱼肚的痕迹,看热闹的人也越来越多。

领班一边示意服务员去找店长,一边微笑着对客人讲:"我们的服务都是按规范的程序进行的,点菜、上菜和撤盘也都是在征得客人同意后进行的,因此请大家协助我们的工作,仔细回想一下,这两道菜一定是吃过以后忘记了。"

"我们就是没吃过……"见客人仍在赖账,领班只好先去疏散看热闹的人,请其他人回到餐桌。

"先生,您好。我是这个店的店长。首先,我对账单引起您的不满表示道歉。您提出餐桌上没有这两道菜,实际上是帮助我们完善服务程序,提醒我们对上过的菜不要完全撤盘,以免结账时引起误会,对此,我向您表示感谢。经过调查,鲍鱼和鱼肚确实上过桌,空盘已经撤去清洗。这样吧,这两道菜按八折计价,您看行吗?"店长赶来诚恳地建议道。

见餐厅作出了让步,醉酒的客人终于停止了吵闹,起身结账走了。

妙招56:用餐完毕,甜食服务

当客人吃完所有的菜品后服务员应主动询问客人可否上甜品或水果,如果客人同意,服务员即再问客人可否清桌,如果客人同意清桌,服务员立即撤去桌面上所有的餐具，留下酒杯和水杯。

一、上餐具

清理桌面后，根据客人所点甜食，摆上相应的餐具。如点的是甜点心则摆上甜品叉，如点的是水果则上水果刀叉。

二、上甜食、水果

摆完桌后，使用托盘将甜食或水果从客人右侧送上，摆在餐桌正中，礼貌地请客人用甜品或水果。如果客人点的是甜汤，则要垫上碟垫并配上汤匙，汤匙放在碟垫上；如果客人点的是大水果拼盘，则按"中餐派菜服务"服务程序操作。

妙招57：食品打包，分门别类

客人吃完提出结账要求后，服务员应清理客人面前使用后的餐具，询问留下的菜肴是否要打包，未喝完的酒类饮料是否办退或存放。

对需要打包的食品按以下要求操作。

一、准备

当客人提出将剩余食品包装带走时，服务员立即将食品撤下餐桌，并告诉客人将在厨房为客人包装食品及客人所需等待的时间。将食品送到厨房，准备好食品盒、红丝绸带及带有店徽的塑料袋。

二、包装

将食品分类装入食品盒内，注意不要使汤汁外溢。

三、展示

服务员用托盘将食品盒送到客人右侧，请客人观看，并告诉客人分别包装的食品名称，经客人许可后将食品拿到服务柜边上。

四、装袋

　　服务员在服务柜上，盖好食品盒盖，并用红丝绸绳十字交叉包装食品盒，打好蝴蝶结，将蝴蝶结的两尾剪成燕尾状。将食品盒及食品袋同时送到客人面前，请客人过目后将食品盒装入食品袋内，递给客人。

第10章 收银结账服务

餐饮服务难题怎对技巧——餐饮服务的100个小妙招

导言

在餐饮业中，收银工作是很重要的一个环节，这项工作直接关系到餐饮企业的服务质量，一旦在收银中出现计多或计少，顾客不仅会对收银人员的工作不满，而且会对餐饮企业的信誉持怀疑态度，从而影响餐饮企业的生意，引来一连串的不良后果。

妙招58：现金结算，辨别真伪

现金收银是收银员的主要工作内容，也是其工作的重点。现金结算的步骤及要求具体如下。

一、接过现金

客人用现金付款时，应双手从客人手中接过现金，向客人说："收您××元。"并仔细辨别现金的真伪。

二、操作收银机

收银员一手持客人所交账款，一手操作收银机，按"现金"键，并将客人实交金额数字输入电脑，然后按"结账"或"回车"键。

三、打印小票

POS机屏幕显示出"找零"金额，打印机就开始自动打印小票，显示屏会自动显示应找零金额，钱箱也会同时打开。

四、正确找零

收银员将收到的现金放入钱箱，并从钱箱中找零。

（1）收银员要正确清点现金，并按收银机的计算余额，从钱箱中为客人找零。

（2）收银员不能以零钱不足为由少找客人零钱，在零钱不足时可按照四舍五入的原则，为客人找零。

（3）为节约零钞，收银员找零时应按最大面值的现金组合。

比如，找34.5元，零钱的组合应为1张20元、1张10元、2张2元、1个5角硬币或3张10元、4张1元、1个5角硬币。

（4）正确找到零钱后，按照大钞放下面、零钱放上面的原则，双手将找零钱与购物小票一起交到客人手中，不能放在购物袋或收银台。

（5）给客人找零时，必须大声说出"找您××元"。

（6）待客人没有疑问时，立刻关闭钱箱。

 相关链接

假币的鉴别技巧

1. 一看

看就是靠肉眼仔细观察钞票的颜色、图案、花纹等外观情况。看钞票的水印是否清晰，有无层次感和立体效果；看有无安全线，真币的安全线是在造纸时采用专门工艺夹在纸张中制成的，迎光清晰可见，有的上面还有缩微文字，假币的安全线一般是用特殊油墨描绘在纸张表面，平视可见，迎光看则模糊不清。

2. 二摸

摸就是指依靠手指触摸钞票的感觉来分辨人民币的真假。人民币纸张手感光洁、厚薄均匀、坚挺有韧性；假人民币是用普通商业用纸制造，厚薄不一，手感粗糙、松软，挺度差，还有的表面涂有蜡状物，手摸发滑。

3. 三听

听就是指根据抖动钞票发出的声音来判别人民币的真伪。人民币是用专用特制纸张制成的，具有挺韧、耐折、不易撕裂的特点，手持钞票用力凌空抖动、手指轻弹，或用两手一张一弛轻轻对称拉动钞票，均能发出清脆响亮的声音，而假币声音发闷，且易撕断。

妙招59：刷卡消费，核对身份

对于刷卡消费的顾客，收银员在收银时应做好以下工作。

一、检查银行卡

1. 检查储蓄卡

储蓄卡支付是除现金之外的第二大支付手段，储蓄卡不具备透支功能，是先

存入后取出的，对银行和商家都无风险。

2.检查信用卡

由于信用卡消费存在着冒用、盗用、伪造等风险，因此收银员在处理信用卡消费时，要对信用卡进行仔细检查，辨别信用卡的真伪。对信用卡的检查主要包括如图10-1所示的内容。

- 内容一：银行的标志
- 内容二：信用卡是否完整无损
- 内容三：核对客人的有效身份证件（如身份证、护照、军官证等）是否与信用卡相符
- 内容四：检查发卡时间和到期时间
- 内容五：检查信用卡的透支额度
- 内容六：检查信用卡是否被宣布作废或失窃

图10-1　对信用卡的检查内容

二、刷卡

当客人用银行卡结账时，收银员应双手接过客人的银行卡，把卡放到刷卡机的刷卡槽中，让带有磁条的一面对准刷卡器有红光的一面，将卡匀速划过刷卡槽。由于机器故障、线路堵塞或银行卡本身的问题等因素，可能会出现刷卡不成功的情况。刷卡不成功的处理办法，见表10-1。

表10-1　刷卡不成功的原因及处理方法

刷卡不成功的可能性	处理方法
发卡行主机因故关闭	向客人解释，请求其更换其他银行卡或用现金付款
通信线路故障	请求其他付款方式
POS设备故障	更换机器重新刷卡
磁条损坏	请客人到发卡行换卡

三、输入交易金额

刷完卡后，收银员应将客人的银行卡放在收银台上，然后在刷卡器上输入客人消费的金额。输入金额时，一定要仔细认真，避免输入错误。

四、请客人输入密码

请客人输入密码流程主要如图10-2所示。

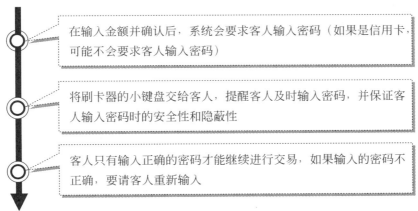

图10-2　请客人输入密码的流程

五、请客人签签购单

这个过程的具体操作主要包括以下4个步骤。

（1）客人正确输入银行卡密码后，POS机会打印出一式三联的签购单。

（2）收银员应检查签购单上打印的内容是否完整、清楚、正确。

（3）请客人在签购单上签字，同时提醒客人，签字以前，应先确认是否为自己的卡号，并仔细核对签购单上的金额及币种是否与实际消费情况一致，只有正确无误才可签名。

（4）客人签字后，收银员应该对该签字与银行卡背面的签字进行核对，看客人在签购单上的签名与信用卡背面的用户签名是否一致。

六、交还银行卡及签购单

收银员要将银行卡和签购单的客人联交还给客人，然后按收银机上的"银行卡"键,打开钱箱,将企业联及银行联放入钱箱中。如图10-3所示。

图10-3　顾客刷卡结账

妙招60：卡券结算,清晰范围

如果客人采用抵用券结账,餐厅服务员的具体操作细则如下。

一、检查抵用券

收银员检查客人所持抵用券,一般包括各种代金券、折价券、赠券和友情卡等。

二、阅读使用方法

收银员应仔细阅读卡券说明,以确定是否可以找零、是否可以分次使用、是否可以组合使用及是否可以开具发票等。

三、结算账款

收银员要根据客人的要求正确计算出客人应使用的抵用券及现金的组合,这个程序中应该注意如图10-4所示的事项。

事项一	明确各种抵用券的使用范围，不得超范围抵用
事项二	对于有多种搭配方法的，应将所有方法告知客人，由客人自主选择
事项三	判断抵用券的使用范围时，只能针对一个客人，不能将权利进行转嫁
事项四	当客人对抵用券的使用方法有误解时，应委婉地向客人解释，如自己无法处理，应及时通知收银主管

图 10-4　抵用券结算账款的注意事项

四、收取抵用券

收银员结算完款项后，操作收银机，弹开钱箱，将抵用券放入，然后关闭钱箱。不同抵用券的处理方法见表 10-2。

表 10-2　不同抵用券的处理方法

序号	类别	具体内容
1	代金券	（1）客人用抵用券时，收银员可按收银机键盘上的"代金券"键，进行结账 （2）在收取抵用券之前，一定要给客人明确具体的收取金额，以及是否找零，以免引起客人的不满 （3）对于各种优惠，使用抵用券客人一般不能参加 （4）使用代金券消费的客人，不得全额开具发票，只能根据抵扣后所收的实际金额开具发票
2	友情卡	（1）使用友情卡的客人，同样不找零，但剩余的金额可以留作下次消费 （2）对于没有余额的友情卡，收银员应予以收回，而有余额的友情卡，则应还给客人 （3）不得开具发票
3	折扣券	（1）收银员应了解并严格遵守店内的折扣优惠政策，了解可享受的折扣优待，不得私自给予不合规定的折扣 （2）对于只能使用一次的折扣券，在结账时应与现金一并收具 （3）对于可以重复使用的折扣券，收银员应在收银工作结束之后，请该名享受折扣优惠的客人签写"折扣记录单"，以便与收银机每日日出的总账核对 （4）收银员不得凭借自己掌握的其他客人的折扣券资料，给予亲戚朋友或其他熟人结算折扣金额 （5）在请该名享受折扣优惠的客人签写"折扣记录单"时，一定要态度和蔼，有礼貌，若客人不愿填写，应向客人耐心解释以获得客人的理解和支持 （6）按折扣后的实际收取金额开具发票
4	赠券	明确赠券的使用范围，避免出现将有条件使用的赠券无条件使用

五、作废抵用券

交易完成后,收银员要立即在抵用券上加注作废标志。不得积攒抵用券,要立即作废。

六、签写相关材料

(1)原则上要求收银员在作废抵用券后应马上在其背面加签收银员的姓名、日期及收银机号,然后放入钱箱,并关闭钱箱。但是遇到工作比较繁忙时,也可以暂不签写,等到下班时再统一处理。

(2)如果在交易后发现错误,应仔细分析原因,并在记录本上做好记录。

妙招61:移动支付,方便快捷

如今,移动支付在中国已经不仅仅局限于线上支付,更是渗透到各行各业的线下支付场景。随着使用移动支付的人群越来越庞大,像餐饮企业这类高频消费场景,移动支付深受商户欢迎。

一、静态二维码支付

静态二维码条码支付就是大家常见、常用的方式,是将个人微信支付、支付宝等收款二维码打印出来,让顾客主动扫二维码输入金额支付的形式。如图10-5所示。

图10-5 静态二维码支付截图

自2018年4月1日起，央行印发《条码支付业务规范（试行）》的通知，使用静态条码支付，同一客户单个银行账户或所有支付账户、快捷支付单日累计交易金额不能超过500元。

> **小提示：**
> 建议餐饮企业最好采用客人桌边自助扫码支付，这样，客人结账时候不必离桌，掏出手机扫一扫桌上二维码，即可在自己的手机上调出消费账单，自己就完成支付。

二、动态二维码支付

动态二维码（微信支付或支付宝收款二维码）每分钟都会自动更新，并且二维码仅一次有效，安全系数较高，即使超过500元，出示动态条码让商家扫一扫就好，同样简单也更安全。如图10-6所示。

图10-6　动态二维码支付截图

三、系统直连支付

系统直连支付指的是餐饮企业使用的智能收银系统，已经直接和支付宝、微信支付交易服务器打通，每笔交易，系统都会自动向支付宝或微信支付服务器发起请求，在得到支付宝或微信服务器反馈回来的成功完成交易确认指令时，收银系统自动关闭账单。在整个流程中，收银员无需手工录入账单金额，更无法手动关闭账单，一切都是由系统自动判断，这样，就绝对保证了商家交易和资金到账的完全一致，资金实时到达商家开设的支付宝或微信支付账户，不经过任何第三方公司，确保资金安全。

妙招62：扫码开票，高效便捷

给顾客开发票常常是让商家头疼的问题。和顾客确认开票信息、手动输入各项内容等流程，都会耽误不少收银时间，往往会造成收银台前大排长龙的现象。

扫码开票可以让商户给顾客开票时免于手动输入抬头，规避输错发票抬头问题，提升开票效率。

一、支付宝扫码开票

图10-7　支付宝扫码开票

支付宝为商家提供了闪电开票的解决方案，通过支付宝扫二维码即可自动解析出企业的开票资料，并快速开出纸质或电子发票。如图10-7所示。

以餐厅为例，顾客只需打开支付宝扫描餐厅柜台上的二维码，在手机上输入企业抬头，即可解析出企业的开票资料。确认开票信息无误之后，提交开票申请，餐厅就能快速开取增值税专用发票。第一次使用后，企业开票信息会自动保存在顾客的支付宝账户，下次顾客扫码开票时，直接点确认即可。如果输入企业抬头后未解析出相关信息，用户也可以手动输入，永久保存。如图10-8所示。

图10-8　支付宝扫码开票截图

使用支付宝闪电开票二维码，商家的开票时间可以缩短三分钟以上，大大提高了商家收银的效率。更重要的是，使用顾客自行保存或二维码解析出的企业开票资料，可以保证内容的准确度，避免以往顾客书写相关信息时因字迹模糊等原因造成的输入错误，避免不必要的损失。

二、微信扫码开票

微信提供了"微信闪开发票"的功能,在已接入这一功能的餐厅,扫描前台的开票二维码后,按提示确认自己的发票信息,收银员在对接的系统上就可将发票打印出来。如图10-9所示。

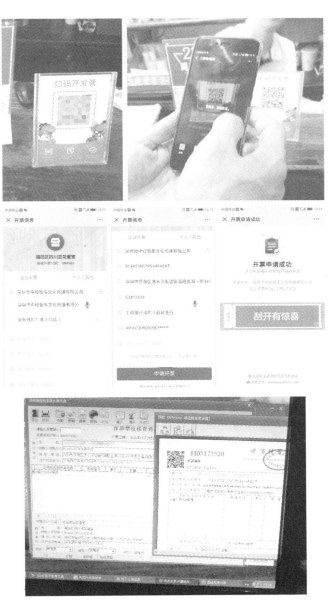

图10-9 扫码开票流程截图

妙招63：客人离场，防止跑单

当客人准备离场时，服务员要密切注意，防止跑单、漏账情况发生。

一、客人逐个离场时

当餐厅服务员发现客人在逐个离场时，要高度重视，并做好以下工作。

（1）当需要服务其他客人时，眼睛不方便注意这些客人的动态，这时应及时向领班报告，请求领班抽调人手，派专人盯着剩余的人员。

（2）如果这时客人提出要上洗手间，要派同性的服务员护送、跟踪，如果客人提出要到餐厅外接电话，则请客人先结账再出去。

（3）负责服务的餐厅人员和负责迎宾的服务员，要注意客人的言行和动作，发现可疑情况立刻报告，并安排专人进行跟踪，直至客人结账。

（4）不要轻易相信客人留下的东西，如果客人有心跑单，会故意将不值钱的包像宝贝一样地抱住，目的就是吸引服务员的注意，然后将包故意放在显眼的位置，让服务员以为他还会回来取，从而为他赢得足够的离开时间。

情景再现

一家餐厅来了一群穿着气派的人，其中一人手里紧紧抱着一个手提包，给人一副包里的东西非常贵重、需要小心保管的样子。这些人在包间一坐下，就急着点店里高档的菜品、酒水，什么贵吃什么，什么好喝喝什么，豪气得令上至楼面经理，下至一般的服务人员，个个都以为来了一群腰缠万贯的大老板，所以服务极为周到、热情。楼面经理还逐位奉送了自己的名片和贵宾卡，希望这些阔绰的大老板们下次多带点生意过来。

等到酒菜上齐，豪客们也酒足饭饱后，一个眼神，这些人就开始陆续撤退了。有的先行告退，有的上洗手间去了，有的借口餐厅内信号不好，跑到外面去打电话，有些又说要到外面私下商谈点事情，一起走了，最后剩下的那个趁服务员不注意，把那只包留在显眼的位置上，并将烟、打火机也留在桌上，造成上洗手间的假象，也跑了。当服务员进来后发现人都不在但那只大包还在时，也相信客人上洗手间去了，因为那么贵重的东西还在嘛。

等到餐厅都要结束营业了，那些豪客们还是连影子都没有，服务员才开始着急起来，向楼面主管和经理报告。当大家小心翼翼地打开那只包时，发现原来这个"贵重"的包只是用人造革做的，里面塞满了破布和旧报纸。

二、容易发生跑单的情况

餐厅里跑账、漏账的现象时有发生，这就要求服务员应特别留意以下5种情况，以便及时防止跑单、漏账事件的发生。

（1）生客，特别是一个人就餐的客人，比较容易趁服务员工作繁忙时，借口上厕所、出去接打手机电话、到门口接人等趁机不结账溜掉。

（2）来了一桌人，但越吃人越少，这难免会有企图逐步撤走人员，到最后只剩下一两个人好借机脱身的可能。

（3）对坐在餐厅门口的客人要多留个心眼。

（4）对快要用餐完毕的客人要多留心，哪怕是客人在准备结账，也要有所防备。

（5）对于不问价钱，哪样贵点哪样的客人，一定要予以重视，其原因如下：一般来说，公司即使是宴请重要的客人，也不可能全都点很贵的菜式，只要有一两样高档的、拿得出手的菜也就可以了，而且汤水和其他家常菜、冷盘也会占一定比例，这也是点菜的均衡艺术，更何况公司的宴请也会有一定的限额，是不能任意胡吃海喝的。

三、客人未付款离开

一旦发生客人没有付账即离开餐厅这种情况，服务员要注意处理技巧，既不能使餐厅蒙受损失，又不能因让客人丢面子而得罪了客人，影响餐厅的名声和效益。

出现客人不结账就离开餐厅这种情况时，服务员可按下述两条去做。

（1）马上追上客人，并小声把情况说明，请客人补付餐费。

（2）如客人与朋友在一起，应请客人站到一边，再将情况说明，这样，可以使客人不至于在朋友面前丢面子而愿意合作。

> **小提示：**
>
> 在追要餐费的过程中，服务员要注意礼貌，切忌粗声粗气地质问客人，否则可能会使客人反感，因而不愿承认事实，给结账工作带来更大的麻烦。

妙招64：账单异议，弄清事实

餐饮服务时常会遇到客人在结账时认为餐厅多收账款的情况，而这种事涉及餐厅的商誉、商德，会带给其他客人不良的影响，所以服务员必须认真对待，弄清事件的真实情况，根据不同的情况采用不同的处理方法。通常有以下5种情况。

一、客人认为结账的价格不对

有的客人点菜时不看菜单，结账时认为价格不对，要查看菜单核对价格。此时值台服务员应该拿来菜单请客人核对，并认真、耐心地解答客人的问题，以求得客人的谅解。

二、客人计算出现了失误

客人计算失误时，餐厅服务员应迅速地拿来菜单和计算器，与客人一起核对账单，进行复算，并耐心地向客人作解释工作，不允许流露出任何不满的情绪。

即使责任在客人，也说明服务员工作不细、提示不周，没有完全按服务规范操作，要向客人表示歉意。这样处理，一般都能顺利地化解危机，并增进客人对餐厅的好感。

三、工作失误造成账单错误

如服务员在客人结账前没有认真核对账单致使结账错误、在结账时使用了其他餐桌的账单、收银员计算错误等，这些情况完全是服务员的责任，应当收回账单，重新核对，使用正确的账单，错账要立即调整，该减的必须减去，并向客人道歉，说明出错的原因，取得客人的谅解后再结账。

在为包间客人结账时，包间服务员一定要亲自陪同客人前往收银台，或由包间服务员代为客人结账，否则很容易出现错误，比如弄错包间号或消费金额，给餐厅带来损失。

情景再现

又是一个周末，某餐厅的包厢座无虚席。到了晚上九点多钟，很多的包厢都用完餐要结账了。这时，七八个客人来到收银处结账（当时没有包厢的服务员陪同在旁边），并说自己是116包厢的客人。收银员收款时也没有做任何核对，就打印出116包厢的点菜单和账单让客人签字，收了款（现金结算），当时这个包厢的费用是500多元。

过了半个小时左右，另外的一批客人过来结账了。收银员问他们是几号包厢的，客人说是116包厢，陪在一边的服务员也证实这批客人是116包厢的，通过核对账单及订餐人的姓名、电话，同样证明现在的这批客人才是在116包厢用餐的，结完账（同样也是现金结算）后就让客人走了。

后来，通过核查，发现第一次来结116包厢账的那批客人实际上是在118包厢用餐的，该包厢的实际费用是900多元。由于餐厅相关工作人员的疏忽，餐厅少收了400多元的餐费，餐厅经理得知此事后做出了这样的处理：在追不回这400多元餐费的情况下，由118包厢的服务员及当值的收银员共同赔付。

四、在客人点菜时没有把价格解释清楚

比如按重量或按数量计价的菜品被客人误认为是按份计算的，或同种菜品有不同菜量而没有向客人说明清楚致使客人误点等，以致在结账时客人突然发现价格太高，有被欺骗的感觉。这种情况属于服务员不执行服务规范、工作失误造成的，因此要主动承担责任，与客人妥善协商，视情况减收部分账款，以取得客人的谅解。

五、客人所点的菜没上全

由于各种原因，客人所点用的菜品没有上全，客人当时并未提出，在结账时声明账单有误，这完全是服务员的责任，应当拿回账单，减去没上的菜品价格，向客人道歉后再结账。

第11章 顾客服务

餐饮服务难题应对技巧——餐饮服务的100个小妙招

导言

餐饮企业每天都会接待形形色色的顾客，如老人、小孩、生病客人、残疾客人等，服务人员应根据不同的人群特点，通过观察分析，来掌握顾客的心理，并妥善采用各种不同场合的接待方法，使顾客满意。

妙招65：残疾客人，热情服务

残疾人最忌讳别人用异样的眼光看待他们，所以，作为餐厅服务员，绝不能用怪异的眼光盯着残疾客人，而是要用平等、礼貌、热情、专业的态度服务他们，尽量将他们安排在不受打扰的位置。

一、盲人客人

盲人客人目不能视物，服务员应给予其方便。具体做法如下。

（1）为其读菜单，给予必要的菜品解释，同时在交谈时，避免使用带色彩性的词作描述。

（2）每次服务前，先礼貌地提醒一声，以免客人突然的动作使你躲避不及，造成意外发生。

（3）菜品上桌后，要告诉客人什么菜放在哪里，也可帮助客人用手触摸以判断菜品摆放的位置。

二、肢体残疾客人

（1）应将客人安排在角落、墙边等有遮挡面，能够遮挡其残疾部位的座位上。

（2）帮助客人收起代步工具，需要时帮助客人脱掉外衣。

（3）客人需要上洗手间时，要帮助客人坐上残疾车，推到洗手间外，如果需要再进一步服务的，应请与客人同性的服务员继续为其服务。

三、聋哑客人

对于聋哑客人，服务员要学会用手势示意，要细心地观察揣摩，可以利用手指菜肴的方法征求客人的意见。

四、注意事项

（1）在为残疾人服务时，服务员既要表现出热情、细致、周到的服务，又要适可而止。有的肢体残疾人不愿意让别人把他当成残疾人看待，所以要注意不要在服务过程中热情过度或提及残疾方面的词语，以给予客人一视同仁、平等待人或既温暖又受到尊重的感觉为宜。

> **情景再现** ▶▶▶
>
> 　　一位脚有残疾、坐着轮椅的客人进餐厅就餐，服务员小彭非常热情地帮助这位客人靠近餐桌，倒茶和点菜。由于这位客人点的菜比较多，开始上的菜可以放在他的手能伸到的地方，后来上的菜离得远些，这位客人夹起来就很困难了。
>
> 　　服务员小刘见状，立即上前帮忙夹菜，但这位客人很客气地说要自己夹。小刘认为帮客人是应该的，也没理会客人，还是帮客人把菜夹了过来，客人的脸却一下子就沉了下来："谁要你夹了！"随即很不高兴地立即付账，愤然离去。

　　（2）在为残疾人进行结账服务时，服务员要耐心地向他解释账单，有时可以逐项累计菜价，让客人心里明白。残疾人付款时，服务员要告诉他所收的钱数和找付的钱数，一定要让他弄清楚。

　　（3）服务员千万不要帮客人从钱包里拿钱，以免造成其他不必要的麻烦，或引起客人的误会猜疑；即便是盲人，也应该让其自己拿钱、自己装钱。盲人可以通过手摸来感觉钱票面额的大小，各种人民币上都印有盲文。

妙招66：生病客人，细心服务

对于生病的客人在餐厅就餐时，服务员要细心地为其服务。

一、了解情况

　　（1）当客人到餐厅后告诉服务员，他因生病需要特殊食品时，服务员要礼貌地问清客人哪里不舒服，需要何种特殊服务，并尽量满足客人的需求。

　　（2）如客人表现出身体不适而没有告诉服务员时，服务员应主动询问客人，以便帮助客人。

二、安排入座

（1）领位员将生病的客人安排在餐厅门口的座位上，以便于客人离开餐厅或去洗手间。

（2）如客人头痛或心脏不好，则为客人安排在相对安静的座位。

三、提供特殊服务

（1）积极向客人推荐可口的饭菜，同厨房配合为客人提供稀饭、面条一类的食品。

（2）如客人需要就医，应向客人介绍附近的就医场所。

（3）如客人需要服药，则为客人提供白开水，以方便客人服药。

四、为突发病客人服务

（1）如遇突发病客人，服务员须保持冷静，楼面经理应立即通知医务室，同时照顾客人坐在沙发上休息。

（2）如客人已经休克则不要搬动客人。

（3）应安慰其他客人，等候医生的到来，待医生赶到后，协助医生送客人离开餐厅去医院就医。

妙招67：老年客人，主动服务

如果就餐的客人是老年人，年老体弱，就更需要服务员给予特殊照顾。

若是看到年老的客人独自来用餐，且身边无其他同行的客人，服务员应主动地扶他们就近入座，要选择比较安静的地方，放好手杖等物；在客人离开前，应主动地把手杖递到其手中。

在给老年客人上菜时，要注意速度应快一些，不要让其久等，给老人做的饭菜，还要做到烂、软，便于咀嚼。

总之，对于老年客人，服务员应给予更多的细心与关心，更多地奉献责任心与爱心。

 **情景再现**

　　王女士和她70多岁的母亲来到餐厅用餐，刚下车，王女士便走到她母亲身旁搀扶着，原来老人的行动不太方便。这一情景被服务员小郑看到了，于是，她快步走出大门，微笑着来到老人面前说道："老奶奶，您慢点，我来搀扶您吧。"到了餐厅的大门口，小郑立即将旋转门的速度放慢，让老人安全地走进了餐厅。

　　进了餐厅小郑还专门为老人安排了一个出入方便的位置，然后微笑着离开了。待王女士及母亲用完餐准备离开的时候，小郑又细心地把老人送出了餐厅，当老人准备上车时，小郑不仅为老人拉开了车门，又将老人的双腿扶进车里帮老人把大衣披好，最后将车门轻轻地关上。小郑这一系列服务使王女士和她的老母亲非常感动，她们连连称赞说："你们的服务太周到了，下次我们还来这儿！"

妙招68：带孩客人，安全服务

　　带小孩的客人来餐厅用餐，服务员要给予更多的关注和照顾，服务员所做的每一点努力，都会得到客人的认可与赞赏。

　　服务员可以从以下4个方面着手，去照顾带小孩的客人用餐。

一、保证安全

　　首先，孩子在餐厅用餐的重中之重，应当是安全。大部分家长和服务人员都觉得可由孩子自己选择坐里面还是外面，但这很有可能会给小朋友的生命安全带来极大的隐患。

　　比如，有一对夫妻带着孩子，在一家火锅店吃饭，一名服务员在上锅底时，不小心滑倒，将一整锅的火锅汤底，洒在了坐在过道旁孩子的身上，孩子当场重伤。

　　所以，服务人员在领位过程中，需要将带小孩的客人带到靠墙的、人少的位置，并提醒客人让孩子坐在靠墙的座位，这样既不打扰其他客人用餐，孩子也更安全。

二、提供儿童餐具

　　服务人员快速领位后，可以为桌角安装防撞条或保护套，尽快收走桌面多余的餐具和装饰品，以避免小孩子抓刀叉玩受伤，或碰倒碗、碟、调味瓶等，打翻碗碟一来会对餐厅造成损失，二来锋利的瓷器碎片极有可能导致小孩或其他顾客受伤。在服务带小孩消费的顾客时，可向其提供一套特制的儿童餐具，如硅胶或木质材料餐具，避免使用易碎的陶瓷或玻璃餐具，以此减轻带小孩顾客的看护负担。

三、提供儿童餐

　　孩子的注意力很难长时间集中，所以点菜、上菜的速度需要更加照顾，餐厅可为孩子准备儿童营养套餐，以缩短点菜时间，在儿童套餐的菜谱中尽量避免有骨头、鱼刺的菜品，如顾客点到需酒精炉等持续加热的菜品，应及时提醒并提出更换菜品的建议，避免出现意外。

小提示：

　　点菜结束后，可给小朋友赠送小玩具、图画书和零食等，吸引小孩注意力，以避免其吵闹影响其他客人用餐。

四、特别关照

　　儿童食量较成人更小，他们吃好以后，家长若是无暇看护，孩子就很容易脱离家长的控制在餐厅内乱跑。这种情况下会出现许多难以应对的状况，除了影响其他顾客外，还有可能对孩子自身造成威胁。特别是年龄较小的孩子，身高大概一米左右，也就是在成人腰部的位置，服务员传菜时，餐盘下面处于视野盲区，是根本看不见小孩的。

　　因此，店内服务员应更加关注这些四处乱跑的小孩，同时提醒上菜的同事，避免被乱跑中的儿童绊倒。当孩子用餐完毕，服务员可以给孩子提供一些简单的玩具供其玩耍。若是餐厅人手足够的情况下，还可以安排有育儿经验的服务员帮助集中看护儿童，这样既保证了儿童的安全，又能让家长放心享受美食，还能提高消费者对餐厅的满意度。

 **情景再现** ▶▶▶

一天，餐厅来了几对带小孩就餐的客人。半小时过后，小孩大约吃得差不多了，几个年纪相仿的小孩便跑到一起玩耍，整个餐厅顿时显得吵闹起来。他们的父母只是提醒一下孩子不要跑来跑去以防摔跤等，就只顾与同来的朋友聊天了。随后又引来更小的小孩，他们在大人的搀扶下，跌跌撞撞地跟着那群孩子进进出出凑热闹。

餐厅本来就没有为孩子们设立专门玩耍的地方，仅有不宽的过道和一些摆放物品的位置。小孩子们的冲撞给服务工作带来了很多不便：一是有客人投诉餐厅吵闹，没法安静地享受美食；二是一位老人在行走时差点被撞倒，幸好服务员眼疾手快扶住了客人；三是因为孩子们的冲撞，险些使传菜员将一托盘的菜弄洒；四是在领台员带位时，孩子们会妨碍客人的行走。

于是，当务之急就是想办法将这些孩子们送回座位上，并让他们乖乖地待着。经理首先来到孩子们的父母跟前，礼貌地对他们说："对不起，打搅你们一下可以吗？你们的孩子真的非常活泼、可爱，但在餐厅里来回奔跑，恐怕容易发生意外。为安全起见，可否请他们回座位呢？我们将向孩子们提供一些简单的玩具和图书，您看好吗？"然后又温和地对孩子们说："小朋友，你们好！看到你们玩得那么开心，现在一定累了，对吗？你们想不想看小人书和玩玩具啊？"孩子们一听有书看、有玩具玩都很高兴，全都举手说要书看、要玩具玩。经理马上提议道："好！那就马上回到自己的座位上，看谁最乖，服务员阿姨就将玩具和书送给谁。"再加上一句："看谁回去得快！"话音一落，孩子们马上飞奔到了各自的座位上，乖乖地等着服务员阿姨的到来。孩子们有了新的兴趣，自然就能安静下来了，餐厅又恢复了安静。

妙招69：挑剔客人，真诚服务

餐厅常会遇到一些挑剔的客人，要使"顾客是上帝"这一服务原则得心应手地运用到每一次出现的挑剔冲突中，服务员需具备对客人进行心理分析的能力，这样才能有的放矢、缓解矛盾。服务员在为其服务时，一定要注意特殊处理。

（1）有耐心。认真听清楚客人挑剔的事情。当客人抱怨不休时，一定要有礼貌，不能与客人争吵。

（2）对客人提出的问题，在不损害餐厅利益的前提下，应尽量满足客人的要求。

（3）记录下爱挑剔的客人的姓名、公司名称、饮食习惯，以便今后把服务工作做在前面。

（4）对挑剔的客人的服务质量不能打折扣。

其实真正不友好、带有敌意的客人只是极少数，其中有一类客人的挑剔，只是为了刻意显示出其富商大贾的气派和地位。

情景再现

一家餐厅，来了十几位客人，实习生小王接待了他们。听其他服务员讲，这些客人很挑剔，难伺候。但小王想，只要我以更热情耐心的服务来接待他们，就不怕那些挑剔的客人。

这些客人点了很多菜，喝了不少酒。当吃得差不多时，其中一位先生要添一个白菜粉丝。实习生小王与厨房一联系，厨师说白菜没有了。当小王告诉那位先生没有白菜时，那位先生用质疑的目光看着小王，很生气地喊起来："什么？连白菜粉丝都没有，不可能！你们是不是不想给我们炒这个菜？"边说边站起来朝厨房走去，一副准备打架的样子。小王吓坏了，不知所措地站在那儿，这时其中一位客人拍了拍这位先生，劝说他不要找事，拉他坐下，然后对小王说："确实难以置信，这么大的餐厅，连白菜都没有了，换了谁也不相信，反正我们桌上已上过此菜。这样，我们要一盘凉拌西红柿吧。"那位火气大的先生又接着说："小姐去了厨房，回来又要告诉你，西红柿没有了。"显然，客人是误会厨师不给做。

当小王将凉拌西红柿端上桌时，那位先生又挑毛病："糖放得太少了吧？"小王答道："先生，请您先尝尝，如果不合您的口味，我可以再给您换一盘。"接着那位先生又出难题了："小姐，你是实习生？有些事跟你们说不着。"小王说："先生，我是实习生，当然得挂实习生的工号牌，这是请客人对我们的服务工作进行监督的标志。我虽然是实习生，但我也是餐厅的一名员工，与正式的服务员一样履行职责，我一定想办法达到您的满意。今天的事很对不起，请先生原谅！您的心情我理解，但今天的客人点白菜较多，厨房确实没有白菜了，这是采购的失误，请您谅解，绝没有怠慢您的意思。我把您的意见反映给厨师长了，让他多备些白菜，您再来就餐时一定给您上这个菜。"听了实习生小王的一番诚恳的话语，那位挑剔的先生才叹了口气："小姐，我们确实想吃这个菜，听你一说，我们明白了，没事了。"就这样，实习生小王把这桌难盯的台圆满地盯下来了。

妙招70：无礼客人，微笑服务

遇到没有礼貌甚至呼喝服务员做事的客人，除了用宽容的心态去向客人道歉外，服务员还要用特有的微笑去服务客人，把服务工作做好。微笑其实是一把非常锐利的武器，有再大意见的客人，只要看到服务员诚恳的面孔、真诚的道歉、热情的微笑，没有不"投降"的。

有一些客人，比较喜欢在众人面前有所表现，也就是有自我表现的欲望，所以也就爱找一些借口将事情扩大化，将众人的视线吸引过来，等表现够了，他也就心满意足了。对于这样的客人，可按如下方法接待。

（1）要耐心听取他的意见，不要急于争辩和反驳。

（2）要坚持用微笑来打消他继续表演的欲望。

（3）为了感谢他给餐厅提出的宝贵意见，给他送上一份小礼物或水果，给他足够的面子，他自然就会高兴地"收兵"了。

妙招71：邋遢客人，礼貌服务

当有穿戴不整齐、衣着邋遢的客人来就餐，服务员不能以貌取人，应一视同仁，提供礼貌热情的服务。

一、问候客人并告诉客人餐厅的衣着要求

（1）当穿戴不整齐的客人出现在餐厅门口时，领位员首先应热情、礼貌地问候客人。

（2）礼貌、有效地阻止客人步入餐厅。

（3）用诚恳、礼貌的态度告诉客人本餐厅用餐时的衣着要求，婉转地告诉客人其衣着不合规定之处。

二、向客人提出建议

（1）领位员建议客人更换衣服并告诉客人餐厅将为他保留用餐座位。

（2）如客人无法更换衣服，应建议客人换上餐厅为客人准备的长袖衫和长裤，并请客人等候，领位员立即与制服室联系，请制服员送上与客人身材相适合的衣服，此服务须在10分钟内完成。

（3）如遇态度较为强硬的客人，领位员应耐心向其解释本餐厅规定，请客人理解。

三、特殊情况处理

如客人来参加宴会，又不愿穿上餐厅制服，领位员可在征得宴会主人的同意后，请客人坐在比较靠里的座位，并劝其尽量减少走动。

妙招72：急事客人，优先服务

当客人提出赶时间，有急事在身时，服务员对其应优先服务。

一、了解客人情况

（1）领位员了解到客人要赶时间时，应礼貌地问清楚客人能够接受的用餐时间并立即告诉服务员。

（2）领位员将客人安排在靠近餐厅门口的地方，以方便客人离开餐厅。

二、为客人提供快速服务

（1）待客人就座后立即为客人点菜，推荐制作和服务较为迅速的菜肴，如果客人已预订需等待较长时间的菜，服务员要向客人说明所需时间并询问客人是否能够等待。

（2）客人点好菜后，服务员应立即将订单送到厨房，通知传菜部和厨师关于客人的情况及制作服务时限。

（3）在客人要求的时间内，快速准确地把菜上齐。

（4）在客人的用餐过程中，不断关照客人，及时为客人提供服务。

三、为客人准备账单

（1）在客人用餐完毕之前及时准备账单。

（2）在客人结账时对匆忙中服务不周到表示歉意。

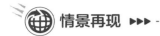情景再现

某餐厅来了一位年轻人，手里拿着沉甸甸的行李箱。一进餐厅，客人就急不可待地说赶时间，要以最快的速度给他上菜。等服务员给他送上餐牌后，他将餐牌翻来翻去，不知所措。领班见状，主动上前向客人了解情况，才知道该名客人是外地来的，半小时后一定要赶去机场乘飞机。此时客人却不知吃什么食物比较快捷、简单，又不失地方风味。领班马上笑着向客人推荐道："您看这样好不好，先上个卤水拼盘，再来个草菇牛肉和本店的一品锅吧。保证在15分钟内上齐，您看如何？""好，那就快点吧。"

妙招73：分单客人，分别服务

现在许多人聚餐时喜欢实行AA制，对此，服务员应该有所准备，在服务中应注意。一般的AA制，餐后先由一人结账，然后再人均平摊所需费用。这种AA制通常由客人私下自己解决，对餐厅的服务工作并无特别要求，但对于各点各的餐、各结各的账的客人，服务员应注意以下事项。

（1）首先从主宾或女宾开始按顺时针方向逐位服务。每写好一份菜单，要注意记录客人的姓氏、性别、特征、座位标志等。

（2）将菜单交给负责上菜的楼面服务员、厨房、收银台、传菜部。

（3）客人需要添加食物或酒水的，在其账单上做好相应的记录。

（4）结账时最好由负责点菜的服务员跟单服务，以减少出错的概率。

情景再现

某餐厅来了五位要求分点菜、分付账的客人。服务员为他们写好了菜单，不一会儿，上完菜后，才发现还有一位客人的菜没上，只好让传菜员到厨房催。其他客人的食物都上齐了，那位客人还在不耐烦地等着。催过几次后，厨房传话过来，菜已经全部上齐了。服务员一听傻了，急忙跑去厨房查单，才发现自己工作出了错，令厨房误认为两张同样的点菜单是重单，所以只做了一份菜。事后，服务员给客人道了半天歉，客人的怒气才渐渐平息下来。

妙招74：熟人亲友，平等服务

服务员在岗时，如果遇到熟人或亲友来用餐，应当一视同仁地对待。服务员应该像对待其他宾客一样，热情而有礼地接待，主动周到地服务，而不能直接离岗，与熟人或亲友闲谈。

（1）服务员不可在大庭广众之下，不顾自己的身份和工作场所的规定，与亲友或熟人寒暄时间过长，甚至是拍拍搂搂、拉拉扯扯，以免引起其他客人的不满，造成不良影响。

（2）服务员更不能离岗，直接与熟人或亲友入席同饮同吃，要知道，服务员在餐厅是工作时间，应该为所有客人服务，怎么能弃其他客人于不顾，而与熟人、亲友话长话短呢？这显然不合适。

（3）在点菜和结账时，最好避开，请其他同事代劳，以免引起不必要的误会。

第12章 顾客投诉处理

餐饮服务难题应对技巧——餐饮服务的100个小妙招

导言

餐饮服务业是一个需要靠口碑来生存的行业,对于餐厅来说,每天接待大量顾客,难免会遇到顾客投诉,特别是在这个信息畅通的时代,顾客投诉处理稍有不当,就可能会无限发酵,最后对餐厅造成无法弥补的伤害。因此,餐饮企业一定要妥善处理客人的投诉。

妙招75：按照流程，熟练应对

顾客投诉一般是指顾客将他们主观上认为由于餐厅工作的差错而引起的麻烦，或者损害了他们的利益等情况，向餐饮企业有关部门、有关人员进行反映。每个企业都希望为顾客提供尽善尽美的服务，使每一位顾客都满意，但事实上投诉是不可避免的。

餐饮企业一般会制定处理服务质量投诉的原则、方法和措施。餐饮企业相关负责人应掌握投诉处理的程序，以便带领员工熟练应付。具体投诉处理流程如图12-1所示。

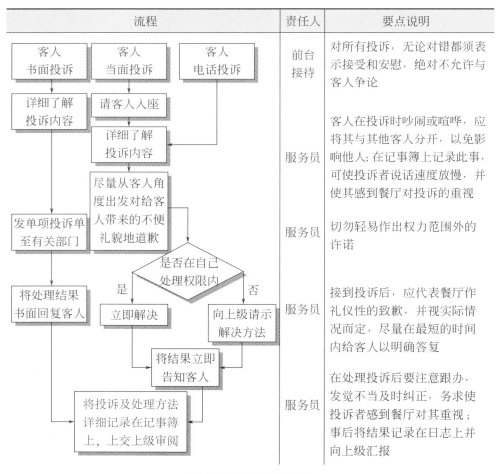

图12-1　投诉处理流程

妙招76：遵循原则，转危为机

其实顾客投诉看似是餐厅的"危机"，但实则是餐厅的"财富"。

一是因为顾客通过投诉来表达其不满，至少可以让餐厅有说明或改进的机会。而事实上更多时候，大部分顾客遇到问题只会选择默默地不再光顾，这种情况下，你连自己错在哪儿了都不知道。

二是餐厅若能处理得当，使这些投诉转化为顾客对餐厅忠诚与关系的建立，将使顾客再度光临，也促使餐厅更加进步，将危机化为机遇，带来更多无形的利益。

所以，遇到客户投诉，不要慌，只要处理得当，也并非坏事。大家可以按照以下原则来处理顾客的投诉，就能将顾客投诉转危为机，甚至为餐厅培养一个忠实顾客。

一、迅速原则

遇到顾客投诉时，服务员一定要反应迅速，第一时间上前了解情况，这样做的好处如图12-2所示。

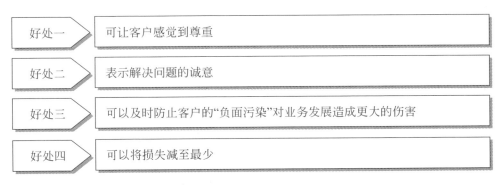

图12-2　反应迅速的好处

二、无论对错，真诚表示歉意

当发生客户投诉时，餐厅当时和事后的处理都很重要。不管客诉的真相是什么，"造成顾客的不愉快"这是事实，所以服务人员应该对此先诚恳地道歉，而非急着厘清责任归属。道歉并非承认错误，而是对顾客不愉快的消费体验表示抱歉。

> **小提示：**
> 要做到不卑不亢，该道歉的道歉，但是不要大包大揽全部责任，不然后续的处理会非常被动。

三、认真倾听，让顾客"发泄"

面对客诉时，服务员道歉之后就应该不反驳、不插嘴地聆听顾客的意见，以聆听的态度，让顾客畅所欲言，并理解顾客真正的想法。在倾听时要注视客人并不时点头示意，以表示对客人的尊重和对问题的重视。

当客人得到了发泄的满足之后，怒气已经消失一大半，就能够比较自然地听得进你的解释和道歉了。

四、聆听时做好记录，感谢顾客反映

在听的过程中，服务员要认真做好记录，这样既能让顾客感觉到你的用心，也能作为快速处理投诉的依据，为我们以后服务工作的改进作铺垫。

五、进行解释，提出解决方案

根据所闻所写，及时弄清楚事情的来龙去脉，并给出合理的解释，然后提出解决方案。

这里要注意的是，你一定要让客人知道并同意你将采取的处理决定。如果客人不知道或不同意你的处理时，不要盲目采取行动，你可以礼貌地征得客人的同意："先生，我这样处理，您看是否合适（您看怎么样）？"

六、快速采取行动，考虑补偿

当客人同意你的处理方法后，你就要立即行动，一定不要拖延时间，耽误时间只能进一步引起客人不满，此时此刻，时间和效率是客人的最大需求。

客人抱怨或投诉时，很大程度是因为他们采用该产品或服务后，他们的利益受损，因此在这时能进行一定的补偿，会让他们理解你的诚意而再建对餐厅的信心。

> **小提示：**
> 补偿可以是免费的酒水、甜点等，或者免费更换菜品或菜品打折，也可以赠送一些小礼品，或者下次可用的代金券。

七、建立联系，将投诉顾客变为忠诚顾客

也许你会觉得，问题解决完之后，就让顾客赶紧走吧，还联系什么呀，以后别再来惹麻烦就行。其实我们还可以留下顾客的联系方式，对顾客的满意度进行调查，并对顾客报以后续的关怀，这样会让顾客感受到餐厅的诚意，会选择继续光临餐厅。

在询问联系方式时，也有技巧，比如你可以先把自己的名片递给他，说："下次来可以给我打电话，我帮您预留位置。"然后请求顾客留下电话，或者加微信，一般都会成功的。

妙招77：有条不紊，小事化了

对于以服务为主的餐厅来说，顾客投诉不可避免，那么如何在投诉发生后，将大事化小、小事化了，怎么及时地化解顾客的怨气呢？对此，餐饮企业可以参考如图12-3所示的步骤来处理顾客的投诉。

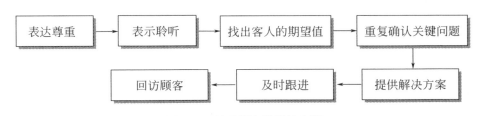

图12-3 处理顾客投诉的步骤

一、表达尊重

顾客肯定不会无缘无故投诉的，所以为了熄灭顾客的火气，首先就要了解清楚顾客为什么会投诉，而要接近顾客，第一步要让顾客感觉到你对他的重视和尊敬。

示例如下。

"您所告诉我的事情对于我们的服务改进是非常重要以及有价值的。"

"我可以想象到这个问题所带给您的感受。"

"我非常理解您的感受。"

"这的确是一件非常让人失望的事情。"

"我为您所遇到的问题而感到非常的抱歉。"

"这件事情我以前也遇到过,我的感受和您是一样的。"

二、表示聆听

顾客需要发泄,所以服务员一定要表现得耐心,告诉顾客,你愿意听他们说话。这时候你需要引导他们讲述事情经过,然后再给予一些同情心,这样他们觉得你理解他们,火气自然就慢慢减少了。

示例如下。

"您是否可以告诉我事情的经过呢?"

"请告诉我发生了什么事情呢?"

"您是否可以慢慢地把事情的经过告诉我,我将把它记录下来。"

三、找出客人的期望值

顾客希望你给出解决方案,但是很多时候他们又不愿意说。因此,作为餐厅服务员最好做一些引导,然后找出顾客的期望值,才能找到最好的解决方法。

示例如下。

"请问您觉得我们如何处理会更好呢?"

"请问我们能为您做些什么吗?"

"您觉得我们该如何解决这个问题才合适呢?"

"我该如何协助您呢?"

"我们该立即做些什么才能缓解此事情呢?"

"还有哪些事情您觉得是不合适或不满意的呢?"

四、重复确认关键问题

服务员再三地确认会让顾客有一种"我的要求好像有点过分"的感觉,同时顾客会觉得你很重视他,正在积极想办法解决。

示例如下。

"请让我确认一下您所需要的是……"

"问题的所在是……"

"请让我再次与您确认一下您所期望的……"

"为了避免错误请允许我归纳一下该为您做的事情。"

五、提供解决方案

服务员确认了顾客的要求和期望值,那么就可以提出餐厅的解决方案了。提出这样的解决方案时,不能太着急。无论顾客同意不同意,态度都应该温和冷静。提出的解决方案,最好有A、B、C等方案供顾客选择,而不是只给一种方案。

示例如下。

"您可以选择……"

"我将立即核查此事并将在……时间回复您。"

"您可以……我们可以提供……"

"这里有一个选择,看您……"

六、及时跟进

顾客接受协调之后,那么就要立刻跟进了。如换菜立刻告知后厨,并且让服务员送上小菜之类的表示道歉,或者打折免单。

示例如下。

"我们的厨师现在立刻为您重新做一份菜,请您稍等。"

"我将会立即核查您的账单,并将在10分钟内答复您。"

"我将立刻……,请您……或者您是否可以……?"

七、回访顾客

这一步大部分餐厅都不会做到,基本都是赔钱或者道歉了事。但是,如果想成为一个口碑餐厅,事后的跟进了解还是需要的,这会让顾客对餐厅的印象加深,同时能赢得口碑。

比如,顾客反馈说在餐厅吃坏了肚子,当天店长立刻联系到顾客,并且送上慰问。事后,餐厅还电话询问是否还有其他的问题。结果,顾客不但没有追究,和朋友提起还说这家店的服务态度不错之类。

"请问餐厅对此事的处理您感到满意吗？"

"还有其他的事情我可以为您效劳吗？"

> **小提示：**
>
> 服务行业，被顾客投诉或者刁难是常有的事情，但是很多投诉都是可以在服务过程中解决甚至可以避免的。因此，在日常工作中，需要的是对员工进行合理的培训。假如出现了投诉情况，要立刻解决，而不是爱理不理，以致导致严重的后果。

妙招78：讲究方法，注意禁忌

在处理客人投诉时，餐厅工作人员要注意一些禁忌，即使错误不是由餐厅这一方所造成，工作人员也要平心静气地接受顾客的投诉，并帮助顾客处理问题，在这个过程中，工作人员要注意如图12-4所示的禁忌。

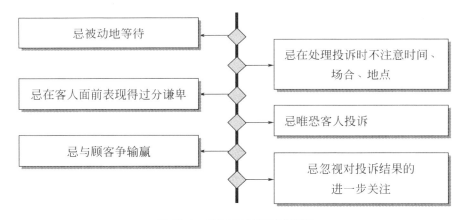

图12-4　处理顾客投诉的禁忌

一、忌被动地等待

工作人员大多数时间应在大堂迎来送往客人，随机回答客人的一些询问，不放过任何与客人交流的机会，一方面了解客人对餐厅的看法和不满意的地方，另一方面努力发现餐厅服务与管理中存在的问题与不足，及时发现隐患苗头，抢在客人投诉之前进行事前控制。

二、忌在处理投诉时不注意时间、场合、地点

有的工作人员在处理顾客投诉时往往只注重坚持原则性，忽略处理问题的灵活性和艺术性。在不恰当的时间与场合处理投诉，比如顾客正在进餐、发怒时，或是在公共场所与业务客户谈话时，最终效果就不会好，还有可能引起顾客更大的反感。

三、忌在客人面前表现得过分谦卑

工作人员是代表餐厅处理顾客投诉和进行相关接待的，其一言一行代表着餐厅形象，因此应表现出充分的自信、彬彬有礼、不卑不亢。要明白谦恭不是卑微，过分的谦卑是缺乏自信的表现，往往会被客人看不起，对餐厅失去信心。

四、忌唯恐客人投诉

从表面上看顾客投诉餐厅是坏事，实际上却是好事，投诉的顾客就像一位医生，在无偿地为餐厅进行诊断，帮助餐厅经营者针对存在的问题对症下药，改进服务和设施，提高服务质量和管理水平。所以餐厅的经营者不应该回避投诉，而应以积极的心态对待和处理投诉。

五、忌与顾客争输赢

餐厅遭遇顾客投诉，说明餐厅的服务和管理存在问题，否则顾客是不愿来当面投诉的，所以，即使某些顾客的投诉与事实有些出入，餐厅在不违背原则的前提下，也应把"正确"让给顾客。如果餐厅表面上"赢"了顾客，结果是顾客失去了面子，那顾客同时也就失去了对餐厅的好感，顾客再也不会到这家餐厅就餐，受损失的，最终还是餐厅。

六、忌忽视对投诉结果的进一步关注

一般情况下，餐厅接待顾客投诉的工作人员，并不是解决实际问题的人，因此顾客投诉能否最终得到解决仍然是个问号。事实上，很多顾客的投诉并未得到

根本解决，或是这个问题解决了，却又发生了另外一个问题。所以对投诉处理过程进行跟踪，对处理结果予以关注并告之顾客尤显重要，它能使顾客感到餐厅对投诉非常重视，从而使顾客对餐厅留下良好的印象。

小提示：

如果遇到那些无理取闹或者故意惹事的顾客，最好不要理会或者直接"请"他们离开，当然记得要留好证据，以免被反咬一口。

第13章 常见问题处理

餐饮服务难题应对技巧——餐饮服务的100个小妙招

导言

作为餐厅服务人员，在每天的对客服务中，都会遇到各种问题，服务员要掌握妥善处理这些问题的技巧，以便更好地服务于顾客。同时，要善于把这些事件进行总结与整理，才能使今后再遇到类似事件时不会手忙脚乱、不知所措。

妙招79：顾客催菜，查对催促

餐厅生意火爆，厨师忙不过来，顾客催菜是个常见的问题，遇到这种情况，要按如下方式处理。

一、点菜时，先给客人打"预防针"

在餐厅生意高峰期时，作为一名优秀的服务员，在催菜发生之前就应该有预见性，从而提前给顾客打好"预防针"。首先，有部分菜品制作比较费时，如红烧、小火慢煨，或者工艺复杂等原因，这就要求服务员点菜时控制这类菜品的出现次数，向客人推荐制作迅速的其他菜品相搭配。

聪明的服务员还应该在顾客点这类制作复杂的菜式时，指明烹饪时间将会久一些，上菜会比较慢，客人有了心理准备，上菜慢也会理解的。

> **小提示：**
>
> 服务员要对菜品的出品速度，和当日厨房的情况心里有数，在客人点单的时候应该主动跟客人提示当时所点菜品的大概出品速度，让客人心里有数，让客人来决定是否愿意等待。

二、催菜时，礼貌回复，尽责反馈厨房负责人

万一真的出现了顾客催菜的问题，服务员应该怎么做？是直接跑到后厨大喊"某某桌的菜麻烦快一些"还是跑去找负责人说明哪号桌客人的菜希望能快些上？明显前者是一种敷衍的行为，在顾客的眼中你好像是完成了催菜任务，但是厨房做菜的速度实际上并没有加快。

聪明尽责的服务员会在接到客人催菜要求之后，礼貌地回复客人，然后到厨房找到厨房主管或者其他负责人，说某某桌的客人等了很久，希望能先为他们上几道菜。

三、为等急的顾客报数

"还有3分钟就好了，请稍等。""还有两道菜做完您的菜就来了，请稍等。"

知道准确的等待时间会让客人踏实不少。

四、在顾客面前催后厨

当顾客叫餐厅服务员催菜时，切记务必保持微笑，马上专业地拿出对讲机："×号桌客人的菜在做了吗？请帮忙催一下。"然后微笑致歉。或者礼貌地先致歉，一般可以说："我帮您到厨房去看一下"，等到上下一盘菜的时候说："师傅现在烧的都是你们这桌的菜，慢慢吃，就来。"

五、给顾客实惠，打折或者赠送小菜

如果超过了上菜时间，餐厅可以适度赠送小食品或者菜品给上菜较慢餐桌的客人，安抚顾客的焦躁情绪，使其觉得等待时间是有价值的。

妙招80：久未上菜，取得谅解

客人点了菜，却迟迟不见上菜，而值台服务员也没有注意到这种情况，没有及时地与厨房联系，这是餐厅方面的失误。

发生这种情况时，客人要求退菜、减账，这也是完全正当、合理的，因为是餐厅方面延误了太多的时间，服务员也没有及时联系，所以，服务员对于客人的要求应该给予满足。

当然，在具体处理这种情况时，服务员也可以与客人商量一下，是否可以马上制作这道菜，为其上菜，但是决定权在客人的这一方，服务员不能强求。如果客人仍然不同意，执意要求退菜、减账，服务员应照办，并且因为是自己工作的疏忽而怠慢了客人，要向客人道歉，取得客人的谅解与理解。服务员还应检查一下自己为何失职，注意在以后的服务过程中跟菜要及时。

情景再现 ▶▶▶

顾客："服务员，我这菜点了都半个小时了，还没上，这道菜我们不要了。"
错误应对方法如下。
（1）"先生，今天客人比较多，真不好意思。"

（2）"先生，我也没有办法，后厨刚把菜传给我。"

（3）"是吗？那帮您退了吧？"

（4）"那怎么办？菜都做好了，哪能不要呢？"

问题诊断如下。

第（1）种说法是很多餐厅服务员喜欢说的，上菜晚了，总是推卸说是客人多的缘故，难道这是真正的理由吗？肯定不是。

第（2）种说法，很显然是把责任都推给了后厨，那服务员都在干什么呢？客人会理会这些吗？——不会，他们只关注该上的菜到底上来没有，至于是谁的责任，这是餐厅的内部问题，客人不关心。

第（3）种说法过于简单，她并不了解客人的真正想法，就擅自退菜，不但给餐厅带来了销售损失，而且也会伤害客人。

第（4）种说法让客人听了很刺耳，这难道是客人的责任吗？有种挑衅的味道，没认清主客关系，容易激怒客人。

正确应对方法如下。

（1）"先生，真不好意思，给您添麻烦了，其实我比您还急，虽然今天客人非常多，但也不能让您等这么长时间啊！"（先检讨自己，婉转地提出客人多，易于让客人理解。）

（2）"我知道您这个菜已经等了很久，我刚到厨房看过，让厨房先做您这边的菜，马上就可以送来，我这就去为您传这个菜，请您稍等，好吗？谢谢！"

（3）"先生，不好意思，由于您点的这道菜是炖菜，为了保证菜肴的味道，时间是要长一些，大家请看……"（把菜的特点介绍出来，在介绍中将此菜上桌）；若客人还不想要或没有吃的意思，可以这样说："要不我把这道菜打包吧？大家回去也可以品尝一下。真的很不好意思，耽误大家了！"

妙招81：食品加工，酌情处理

有时客人会自带一些食品要求加工，这也是一件正常的事，餐厅应尽量满足客人的需求而不应拒客人于千里之外。

如果客人所带原料是本餐厅所没有的，应接受予以加工，收取加工费，不过要注意其原料是否属于保护动物或变质与否，如果属于保护动物原料或变质原料，应予以回绝。

比如，客人自带的是野生菌或野生植物以及不常用食品，可能会造成食物中毒，因此必须提前做好预防工作，可以采用样品留样以备查验。

如果客人所带原料在本餐厅厨房已有现货，一般是不予以接受的，应婉言回绝，如果客人一再坚持，可以同意，同样需要收取加工费。

有时客人在就餐的过程中，要求自己加工食品，服务员应根据具体情况及餐厅相关规定酌情处理。

情景再现 ▶▶▶

一个炎热的晚上，一家餐厅里来了六男一女。点好菜后，他们便开始围攻那个坐在女孩身边的男人，吵闹着要他公开怎么将女孩追到手的事。那个男人拗不过大家，只好看看低头窃笑的女孩，然后讲了起来。讲到后面，那个男人更骄傲地向大家说："小静不仅年轻、漂亮，还会烧一手好菜呢。最拿手的就是酿豆腐，那个香呀，想想都流口水。"男人停下来，看一下大家，故意叹息说："唉！可惜你们尝不到呀。"听他这一说，大家都露出失望的神情。

突然，其中一个男人大声提议道："让小静现在就给我们做她的酿豆腐如何？"一语点醒了大家。"好啊，好啊。"大家一致赞同。那个男人再看看身边的女孩，还是一个劲地笑，没有反对的意思。刚才负责点菜的那位见状，马上招手叫服务员过来："小姐，我们这位小静小姐可是位做菜的能手，现在想借用一下你们的厨房，麻烦你带她去一下，好吗？"服务员一听，犯难了，从来没有客人提过这样的要求。要是可以让客人进厨房自己做菜，我们的厨师岂不是要失业？再说啦，厨房不像楼面那么干净，怎么能让客人进去呀？客人见服务员站在那里皱眉，便不耐烦了，对她说："你要是做不了主就让经理来吧，别站在这里像木头一样。"见客人不高兴，服务员赶紧跑去找来了经理。

经理过来了，他对客人们笑着解释："各位先生的提议真是挺特别的。不过我们餐厅还没开过这样的先例，而且厨房重地，连我们都不能随便进入。况且这位小姐穿着这么讲究、斯文，要是为了炒个菜，把一身漂亮的衣服弄脏，就得不偿失了。小静小姐，您觉得我说得对吗？"客人们这才注意到小静今天真的穿了套漂亮的衣服来吃饭。小静听到经理这么说，也开始心疼自己的这套新衣服了。这个提议就这么轻而易举地被经理挡了回去。

为了不让客人失望，经理一方面让厨房认真做这桌客人的菜，一方面又让服务员取来两瓶冰冻的啤酒，免费送给那桌客人。年轻人本来就爱喝啤酒，加上天气炎热，看见冰冻的啤酒上来，高兴得很，纷纷夸这里的经理会做人。

客人到餐厅吃饭，就是来品尝食物的，如果让客人去显身手，势必会扰乱厨房的正常作业程序，也会影响到其他前来就餐的客人。所以，要从客人的角度劝说其放弃这个念头。

妙招82：要求陪酒，婉转拒绝

客人要求服务员陪酒时，要分情况处理。

（1）客人想表示对服务员的服务工作做得好的谢意。对于这种性格外向的客人，服务员要先谢过对方的好意，再委婉地告诉客人，餐厅规定服务员是不能与客人一起喝酒的，请客人谅解。同时，要马上为客人倒酒、换骨碟、换烟灰缸等，以转移客人的注意力。

（2）客人找不到人一起喝酒，一个人喝又觉得没意思。对于这类客人，服务员更要注意自己的行为举止，免得客人借酒浇愁，把你当成倾诉或发泄不满情绪的对象，既影响你正常的服务工作，又妨碍了你对其他客人应有的服务，还会把你无端卷进客人的是非之中。

（3）有个别客人会有意借三分醉意挑逗服务员。遇到这种客人，服务员要严肃、巧妙地拒绝客人的无理要求，并请客人自尊、自爱。拒绝时用词要温和，但态度一定要严肃、沉着。

情景再现

某天，服务员小溪接待了几位挑剔的客人，他们刁难了小溪好几次，小溪总是耐心地服务。突然主宾大声说："小姐，你对我有意见？这么多人，你偏偏把鱼头朝向我？"

"不敢，不敢。"小溪急忙摇头。

"那，你得给个说法，不然，这鱼头酒，你替我喝了。"客人有点刁难。

小溪壮了壮胆："您看，这是条鳜鱼，您呢，是今天的贵客，您说，鳜（贵）鱼不朝着贵客，朝着谁呢？"客人们都笑了。

终于，气氛在一个小小的玩笑后缓和了些，可这鱼头酒，那位主宾是说什么也不喝。客人们又把任务交给了小溪："小姐，鱼是你放的，鱼头酒还是你来解决吧！"

"什么？这……"小溪慢慢地走到主宾身旁端起酒杯："先生，我知道，您是一定不会让我为难的，是吧？！"

"嗯，怎么不会！你替我把它喝了，我出小费！"

小溪哭笑不得，说："上班时间，不能喝酒，这是我们的规矩啊。"

"我又不说，谁知道？"他边说还边站起来关上包房的门，又掏出一张百元大钞拍在桌子上。

小溪笑着摇头，说："先生，您也是领导，和我们领导一样，总不希望看到自己的员工触犯规章制度吧！"

"好！说得好！大哥，喝吧，不就小酒一杯吗？小姐脚都站累了！"一桌人居然都为小溪说话，主宾终于端起了酒杯一饮而尽。

后面的服务异常顺利，客人们的态度也来了个180度大转弯，临走时都主动和小溪握手表示感谢！

妙招83：损坏物品，提出赔偿

绝大多数用餐客人在餐厅损坏餐具或用具都是不小心所致。对待这种情况，具体的处理方法如图13-1所示。

方法一	服务员先要收拾干净破损的餐具和用具
方法二	服务人员要对客人的失误表示同情，不要指责或批评客人，使客人难堪
方法三	服务员要视情况根据餐厅有关财产的规定，决定客人是否需要赔偿

图13-1　客人损坏餐具的处理方法

如果是一般的消耗性物品，可以告诉客人不需要赔偿了，如果是较为高档的餐具和用具，客人需要赔偿的话，服务人员要在合适的时机，用合适的方式告诉客人，然后在结账时一起计算收款。要跟客人讲明其具体赔偿金额，并开出正式的现金收据。

情景再现 ▶▶▶

周末，在一家餐厅的就餐时间，一位妈妈带着孩子来吃饭。因为小孩子比较活泼，吃饭的时候总是动来动去的，妈妈喂他吃饭他总是把饭碗推开，弄得桌子和地上都是饭粒、菜渣。谁知道，一不小心，小孩推开饭碗的时候，妈妈没握住，饭碗摔在地上打碎了。这时，气氛很尴尬，大家都在看着他们。妈妈很有礼貌地向服务员道歉，并表示愿意赔偿。

当时，餐厅的服务员连忙重新拿了一套餐具送过去，然后又笑着对那位妈妈说："没关系的，小孩子不懂事，不碍事的。"然后，快速地收拾了一下，微笑着让顾客继续吃饭。这位妈妈觉得十分感动，坚持要赔偿，服务员最后婉拒了。最后妈妈吃完饭，带着小孩走的时候说了句："你们餐厅不光菜做得好吃，人也很好，我下次还会来的。"

妙招84：偷拿餐具，巧妙解决

餐厅中用于服务的餐具，特别是一些特色餐厅，里面餐具的款式和做工一般都比较精巧别致，有些客人会出于好奇，也有些旅游的客人，每到一个地方都喜欢拿一点小物品或是餐具作为纪念品，而擅自拿走。

发现了客人偷拿餐具怎么办？餐厅是进餐的场所，因此，当服务员发现了客人偷拿餐具时，一定不能大声嚷嚷，也不能生硬地让客人当场把偷拿的物品交出来。服务员若是强行命令客人，就很容易把事情弄僵，有时甚至会扰乱餐厅的正常秩序和气氛。遇到这类问题时，服务员应讲究策略与方法，巧妙地解决。

情景再现 ▶▶▶

在一家高档餐厅里，一位外国客人在用餐时，看到所使用的餐具古色古香，富有中国特色，心生爱意，于是悄悄地装进了口袋。这一幕，恰巧被服务员小关看到了，她不动声色地说："谢谢各位的光临，客人的满意是本店的荣幸。我发现有的客人对我店的餐具很感兴趣——这当然是很精美的工艺品——如果有哪一位愿意购买的话，我可以与我们的销售部联系，那里有同样精致、无毒且全新的具有中国特色的成套餐具奉献给各位。"说着便把目光投向了那位将餐具放进口袋的外国客人身上。那位客人马上将餐具从口袋里掏出来，说："我看到贵国的工艺品太精致了，情不自禁地想收集一套，我很喜欢它，既然有全新、成套的，那就以旧换新吧。"

妙招85：代管物品，事先说明

有的客人在餐厅用餐时，会将没有吃完的食品或酒品请服务员代为保管。遇到这种情况，服务员应注意处理好，不要引起客人的误会，认为是怕麻烦之类的原因。

服务员一般可采用如图13-2所示的3种办法来解决这个问题。

办法一	耐心地对客人解释，说明食品与酒品关系到健康问题，为了防止意外，对客人负责，餐厅规定一般不宜替客人保管物品
办法二	服务员可以主动地替客人打包，请客人带走，如果是客人要去办其他的事，要求临时将食品存放一段时间，办完事后再来取，服务员可以请示领导，得到批准后为客人代存
办法三	客人要求保存剩下的酒品，餐厅应根据酒的种类和客人的具体情况酌情处理

图13-2　客人要求代管物品的处理办法

从经营的角度来说，客人在餐厅里存放酒品，说明对该餐厅感兴趣，对餐厅的菜点和服务都满意，有常来的意思，这是表示对餐厅的信任，是好事。

 情景再现 ▶▶▶

有一天，某公司王总在一家高级餐厅宴请客户。看来宴请的客人很重要，王总特地点了50年酒龄的红酒。酒过三巡，菜过五味，转眼三瓶酒即将见底。服务员小丁一看，再拿一瓶肯定喝不完，不拿客户又兴致未尽。思考之后，只见她对着耳麦轻轻说了几句。

不一会儿，宴会结束了。王总去收银台结账时问服务员小丁："今天我们喝了几瓶酒呀？""3瓶！""不对吧！明明摆着4瓶嘛？""王总，有一瓶是您上次来时珍存在我们这里的。""哦？！太好了！"

不过，替客人保存物品，餐厅一定要对客人及其物品负责，保证不出任何问题。只有做好以下各项工作，才可以获得客人的信赖，吸引客人常来，营业额自然也就增加了。

（1）一般葡萄酒类的酒品，开瓶后不宜保存时间过长，假如客人要求餐厅代管剩下的葡萄酒，服务员可以为其服务，但应提醒客人记住下次用餐时饮用。

（2）如果客人要求保存的是白酒，则放在酒柜里即可，也要上锁并由专人负责。

综上，为客人代管的酒品，要挂上客人的名牌，放在专用的酒柜或冰箱里，应有锁，由专人负责保管。

妙招86：汤汁溅身，真诚道歉

在经营餐厅的过程中，难免会发生一些我们不希望遇到的事情，比如服务员不小心把汤汁洒到客人身上。遇到这类事情怎么办，一些服务员通常会如下表达。

"对不起，对不起，没事吧？"

"不好意思，来，我帮您擦一下。"

"不好意思，都是我的错，我来给您擦一下。"

服务员在为客人服务时，可能由于各种原因把汤汁洒到客人身上，这时不要慌乱。第一种说法，就显得有些紧张，而且也没有真正体现对客人的那份关心和表达我们的歉意。第二、第三种说法，这些话语都显得太单薄，并没有体会客人所需要的补偿要求。发生此类事情，虽然有时我们在所难免，但店内若没有相应的补偿行动，一般都不能平息客人的怨气。

因此，在发生特殊紧急事件时，服务员要体现出对客人的人性化关怀，首先关心客人是否受到惊吓。

比如，可为客人倒一杯温开水，并说"别担心，我们马上为您处理，不知道有没有伤到您？"或者说"您有没有不舒服的地方？"

菜汁、汤汁、酒水溅到客人身上，往往是服务员操作不小心或违反操作规程所致。在处理这种事件时首先应诚恳地向客人道歉，然后用干净的湿毛巾为客人擦拭衣物上的污渍，如果是女客人，应由女员工为其擦拭。

如果不奏效，要将餐厅备用的干净衣服给客人换上，把脏衣服按下列方式进行处理。

（1）油渍。用清洁剂和热水将弄脏的衣服浸泡半个小时后，再搓洗干净。

（2）茶渍、咖啡渍。尽快将衣服浸泡在冷水里，即可用一般的方法清洗。

（3）红酒渍。在衣服入水前，先将白酒或酒精倒在红酒渍上，也可用醋精或米醋倒在红酒渍上反复搓，再将衣服放入较热的清水中清洗。

除以上方法外，也可将衣服送到专业洗衣店进行清洗。衣服洗净、熨平后，由楼面主管亲自给客人打电话联系送衣地点，服务员带上由楼面经理签名的致歉函，把衣服送到客人手中。

情景再现

某酒店的早餐在有序地进行着。忽然听到"啊"的一声，只见一位身着西装的客人，从自己的座位上跳起来，使劲地抖着西装上衣，似乎是让什么给烫着了。

原来是服务员小王忙中出错，不小心将热牛奶溅到了客人的西装上。小王赶紧表示歉意而且关心地问："实在对不起，烫着了没有？"客人拉长了脸，恼火地指着西装说："怎么这么不小心，你看衣服弄成这个样子，你说怎么办？"小王心想错误已经造成，而且完全是由于自己工作失误造成的，应该采取相应的办法予以补救。于是，小王郑重地向客人道歉，并征求客人的意见："能否回房把西装换下来，我马上拿去洗衣房给您免费洗熨，下午三点以前给您送回，您认为怎么样？"客人表示同意。

当晚在送还西装时，小王特意在洗衣袋内留了一张字条："先生，实在对不起，由于我工作的失误，给您带来了不便，请接受我再次道歉。"当第二天这位客人又来用早餐时，小王又一次向他表示了歉意，客人完全释然地说："没关系，小事一桩。"

妙招87：菜有异物，立即换新

在服务中，有时的确会有这种问题发生。比如，菜肴中会有草根、米饭中有黑点等，有时菜肴中甚至还有如碎瓷片、碎玻璃、毛发、铁钉等物品。

在遇到此类情况时，服务员应首先向客人表示歉意，然后将已经上桌的饭菜，不论其价格高低，都立即撤下来，仔细分辨是什么东西。

经过分辨，认定是异物时，要立即为客人重新做一份新的饭菜，或者是征求客人的意见换一款与之相近的菜肴，同时再次向客人表示诚恳的歉意。

根据客人反感程度的不同，餐厅方面要做出相应的表示，通常换菜是最为简单的补偿，有的时候还要免收部分餐费，餐厅管理人员还要亲自向客人赔礼道歉，以示重视。

餐厅出售的饭菜中出现异物，无论是何种东西，都要引起有关方面的高度重视，因为这关系到一个餐厅的信誉与声誉问题，要认真吸取教训。

 情景再现 ▶▶▶

顾客："服务员，你看一下这盘菜，里面怎么有根头发啊？"

错误应对方式如下。

（1）服务员走过来看了看说："您仔细看一下，这个不是头发，只是炒菜的调料，您可以放心食用的。"

（2）服务员为其他桌点餐的同时瞟了一眼，同时表示："您稍等一下，我来确认一下。"确认之后不情愿地说："我通知厨房给您换新的。"

（3）"请您稍等，马上帮您换。"等到为邻桌客人点完菜后，才将投诉顾客桌上有头发的菜品端走。

问题诊断如下。

饭菜中有异物往往是顾客在餐厅中投诉最多的原因之一，其实当发生这一投诉时首先就要分析一下顾客的心理，换位思考，如果自己是顾客想要什么样的解决方案？餐厅应最大限度地满足顾客的要求，以达到不让此事扩张的效果。那么，针对上面错误的应对方法，服务员应该怎么做呢？

顾客投诉菜品有问题，聪明的服务员以如下方式应对，厉害了！

正确应对方式如下。

（1）收到投诉时必须马上处理。服务员虽然正在给其他客人点菜，但应迅速着手处理客人的不满，点菜可以请其他服务员代替。有异物的食物令客人不悦，一直放在眼前，只会惹客人更生气，须尽快将它端走，同时向客人道歉。

（2）马上入单帮客人重做一份，如果吃了一半以上了，可以请客人喝一杯其他饮料等，客人也会消气的。如"对不起，我为您拿点儿别的好吗？"客人同意后再行动。如果要帮客人换别的菜，在撤下食器后应立刻再向客人说一遍："抱歉，现在我去帮您拿，请稍等。"并立刻告诉厨房，请厨房马上做。

妙招88：口味不对，分别对待

客人反映菜肴的口味不对，是有许多方面原因的，有时是菜肴的口味过咸或是过淡，有时是菜肴原料的质量有问题，有时也可能是菜肴的烹调方法与客人认为的不一致。

（1）如果是由于咸淡味不合适而造成客人的不满，服务员应将菜肴从餐台撤下，送回厨房重新制作，淡了可再加些调料进行补救，咸了则重新制作一份，服务员要向客人表示歉意。

（2）如果是由于烹调方法而造成客人的不满，服务员也应该向客人表示歉意，然后婉转而礼貌地向客人介绍一下本餐厅此种菜肴的制作方法，求得客人的理解。

（3）如果是原材料的质量出了问题，服务员要立即撤下菜肴，向客人道歉，请客人重新订一款与此菜肴口味相近的菜肴，并立即制作，端上桌后请客人再次品尝。

情景再现

顾客："我是你们的老客户了，可是今天发现你们的口味变了，是不是换了新厨师呢？"

错误应对方式如下。

（1）服务员："是啊，我们也没有办法。"（苦笑脸）。

（2）服务员："是的，我一定把您的建议反馈给我们领导。"

（3）服务员："没有啊，您是不是记错菜了。"

问题诊断如下。

第一种回答:"是啊,我们也没有办法",这种回答虽然诚恳地表达了自己的态度,但是却损害了餐厅的形象,并且问题依然没有得到解决,是比较消极的处理方式。

第二种回答,则把老板当作挡箭牌,没有任何说服性,会给人敷衍了事的感觉,也不可取。

而第三种回答表达得非常模糊,并没有给顾客介绍清楚事情,并且反驳了顾客,比较容易引起争执。

正确应对方式如下。

服务员1:(如果厨师没有换)"谢谢您的宝贵意见,我们的厨师没有换过,不过换了一些新菜,我会将您的意见反馈给我们的厨师长,希望下次您来品尝我们菜肴时,菜品口味能让您满意,非常感谢您!"

服务员2:(如果厨师确实换了)"您不愧是我们的老顾客啊,能通过菜肴口味变化发现不同。不错,我们为了给顾客带来更好的菜肴,调整了厨房队伍,现正在菜肴更新阶段,口味会有些变化,欢迎您提出宝贵意见,我会及时反馈给我们厨师长,相信下次您来品尝菜肴时菜品口味一定会进一步提高,非常感谢您!"

妙招89:菜品凉了,耐心解释

对于热菜,若错过了最佳食用时间,则风味大减。

比如,豆腐类,一般要求是能"烫到心"为最佳食用温度;铁板类菜肴,要在其嗞嗞作响时举箸则风味最佳,因为此时菜品气氛和口味浓烈;某些干锅、锅仔类菜肴,有的越烧越咸、有的原料越烧越老、有的原料久煮则烂等,都大大地减低了原本应有的风味。

要解决这类问题,首先,应让服务人员在特殊菜品上桌时提醒顾客应在最佳食用时间内食用;其次,就是要采取保温措施,为客人加热、加汤等。

餐饮服务中,最关键的是要让前厅人员多懂些常规知识,厨师长应多跟前厅沟通,如厨师长参与前厅例会、参与前厅人员培训等,则有利于促进前厅、后厨的沟通。如前厅服务人员能正确引导客人消费,提醒客人应注意的事项,一旦发生问题,当班服务人员就能马上解释清楚,会大大提高工作效率。

情景再现

顾客："服务员，你们这个菜怎么都凉了呢？等了这么久，上来还是凉的，是把别人不要的给我了吗？"

错误应对方式如下。

（1）服务员："不会的，这菜是刚做的，怎么会凉呢？"

（2）服务员："不会的，我亲眼看到厨师刚出锅的。"

（3）服务员在手忙脚乱中答应着："凉了吗，要么给您加热一下。"

问题诊断如下。

前两种回答都在直接否定客人的说法，只能更激化跟客人的矛盾，进一步可能还会发生争吵。而第三种说法虽然提供了解决方法，但是却没有正面回答客人的问题，反而会让顾客继续追问。

而且最后一句话也很不规范，什么叫"给您加热一下"，诸如"我给你打包""我给你捆起来"等，类似话语也经常出现在我们服务人员的口中，这应在工作中多注意，避免此类话语出现。

正确应对方式如下。

服务员："先生（女士），您好，这份菜绝对是为您专门炒制的，不会是其他顾客不要的，这种情况在我们餐厅是绝不允许发生的。食品安全请您放心！这份菜确实有点凉了，可能是我们厨房离餐厅有一段距离，所以会比刚做好的要凉一些，我去帮您把菜品加热一下，您看可以吗？"

妙招90：出言不逊，以礼相待

一般来说，绝大多数的客人在餐厅这个公共场所，都会注意自己的形象，但是个别的客人由于各种各样的原因，对服务员出言不逊，甚至出口伤人，这种事情也时有发生。

有的客人可能是自身修养问题；有的是受到怠慢，自尊心受到伤害，因而一时不冷静，也会出口伤人。情况不同，对待和处理的方式也不一样。

（1）如果是客人自身的素质低，不懂得在公共场合保持应有的言行举止，服务员可以冷静地对待，一般不要计较，如果实在太过分，服务员可以冷静地指出，让客人收敛其言行，有必要的话，还可以报告上级领导和有关部门，出面协助处理。

（2）如果客人是出于受到怠慢而出言不逊，作为服务员或餐饮企业方面，应该立即弥补自己服务上的失误，不要去计较客人在言语上的过激与无礼。

总之，遇到出言不逊的顾客，服务员首先仍应以礼相待、晓之以理，若情况并无好转，也不能以粗对粗，而应及时通知有关部门协助处理，用文明的方式方法解决纠纷。

第14章 突发事件处理

餐饮服务难题 *应对技巧*——餐饮服务的100个小妙招

导言

突发事件也就是突然发生的事情：一是事件发生、发展的速度很快，出乎意料；二是事件难以应对，必须采取非常规方法来处理。餐厅作为一个公共场合，人来人往，难免会出现一些突发事件，这时候就需要餐厅服务人员第一时间出面机智地解决。

妙招91：突遇检查，积极配合

遇到卫生、消防部门等突然来检查，餐饮企业处理步骤如图14-1所示。

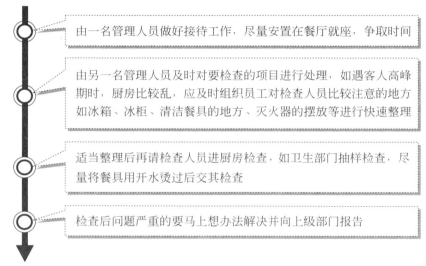

图14-1　卫生、消防部门突然检查的应对步骤

妙招92：突接大单，立即准备

一、突然接到上百份外送单

餐饮企业如果突然接到上百份外送单后，处理步骤如下。

1.第一时间通知

突然接到百份以上的外送订单，须第一时间通知店长，店长需了解客人订单的标准及要求，并留下对方联系电话，告知在最短的时间内予以答复。

2.组织原料

店长召集厨房负责人，了解原料情况。

（1）餐厅原料在保证订单而又不影响正常开餐的情况下，马上要求厨房组织专人切配、专人烹炒，并规定出品时间。

（2）此大订单的出品会造成正常开餐断档，征询厨师长及主要供应商意见，如立即进货，是否能保证正常开餐与订单均不受影响，如得到肯定答复，立即安排厨房开单，并通知仓库叫供应商送货，同时安排专人切配、专人烹炒。

3.落实送、取货方式

通知预订方，接受预订，并收取预订金。双方落实是送货还是对方派人来取，如送货则组织专人落实送货车辆及包装用具；如对方来取，即安排专人准备充足的打包盒、打包袋等用具。

4.组织专人打包

组织专人负责打包工作，并确定所有工作安排均保证在客人要求的时间内能按时、按量完成。

> 安排完以上工作后，店长要不断检查货源到位、厨房烹炒、专人打包、外送等环节，确保各环节不出纰漏。

二、开餐前突然接到宴会大单

开餐前，餐饮企业如果突然接到宴会大单，处理步骤如下。

（1）立即了解对方用餐人数及就餐标准，同时查询本店是否有足够的餐位，是否能满足对方的预订要求。

（2）召集厨师长、外台管理人员及主要供应商（或保持电话联系）。

（3）根据客人订单标准，征询厨师长是否有足够的原料供应，如原料不足，立即备货，并且了解是否能正常开餐。如以上都能确定，立即通知预订方接受预订，并收取预订金。

（4）组织厨房专人负责大型宴会的切配、烹炒，同时要求供应商立即送货、外台立即摆位。

（5）要不断检查、落实各工作环节是否顺利开展，并提出相应的要求。

（6）组织人员负责接待客人用餐，并不断检查、督促，确保客人就餐满意。

三、开餐前突然接到VIP客人前来用餐

餐饮企业在开餐前突然接到VIP客人前来用餐的通知，处理步骤如下。

（1）首先核查当天预订情况，预留出最好的包厢。

（2）组织厨师长开菜单，同时征询客人的意见及建议。

（3）安排厨房骨干专人负责切配、烹制，并提出装盘要求。

（4）安排外台骨干管理人员、骨干服务员专人盯台、专人服务。

（5）在就餐过程中，要不断巡视服务，并随时满足客人需求，同时听取客人的意见及建议。

（6）就餐完毕后，亲自送客人离店并对客人表示感谢。

妙招93：媒体曝光，危机公关

在媒体飞速发展的今天，餐饮品牌如果没有强大的危机公关意识，分分钟就可能出事。危机公关处理得当，就可大事化小、小事化了，甚至可能化危机为良机，而危机公关处理不当，一个小小差评也可能惹祸上身。那么，餐饮企业面对媒体曝光后，该如何做好危机公关呢？处理步骤如图14-2所示。

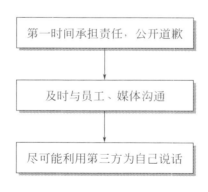

图14-2　媒体曝光后的处理步骤

一、第一时间承担责任，公开道歉

公关行业有一条著名的"黄金24小时"法则，危机爆发后，第一时间你该做的是道歉，而不是解释或推脱。只有道歉了，将自己诚恳的态度摆出来让大众接受，你才有机会去澄清解释。

有句话说"知错能改善莫大焉",你认错了,后面调查结果也确实是你错了,但消费者还是会在心底留个机会给你,你还能重新再来。

而如果错的不是你,那就更好了,无形地餐厅就危机公关中为自己宣传了一把,不仅树立了好的餐厅形象,还能提升在消费者心中的好感度。

二、及时与员工、媒体沟通

餐饮企业不要有侥幸心理,企图蒙混过关,要真诚地及时与员工、媒体和相关部门沟通。

首先要与全体员工进行沟通,让大家了解事件细节,以便配合进行危机公关活动,比如统一口径、统一行为等。

接下来就是与媒体进行沟通,必须第一时间向媒体提供真实的事件情况及随时提供事件发展情况,因为如果你不主动公布消息,媒体和公众就会去猜测,而猜测推断出的结论往往是负面的。

而后就是与政府及相关部门进行沟通,得到政府的支持或谅解,甚至是帮助,对控制事态发展有很大的帮助。

三、尽可能利用第三方为自己说话

在危机发生后,餐饮企业不要自己整天拿着高音喇叭叫冤,而要曲线救国,请重量级的第三者在前台说话,使消费者解除对企业的警戒心理,重获他们的信任。

情景再现

2016年1月21日,国家食品药品监督管理总局公布35家餐饮服务单位经营的食品中含有罂粟壳成分,"安徽周黑鸭"赫然在列。新闻发布后,很多人表示不再吃"周黑鸭"了,而其实,正宗的周黑鸭并没有在安徽开分店。

周黑鸭的危机公关处理方法如下。

(1)公开声明、律师声明,通过官方网站、官方微信、官方微博推送,澄清事实。

(2)主管地官方发声,权威背书,以正视听。1月21日,武汉市食药监局官方微信发布《安徽周黑鸭?你咋不说黄鹤楼也是你的!》一文,用调侃的语气直呼"坐不住",称周黑鸭并未在安徽开设门店。该市食品药品监管执法人员对湖北周黑鸭企业进行过多次检查,并未发现问题。如下图所示。

武汉市食药监局发布的官方微信

（3）创意营销，引发用户关注，变黑为白。目的在于借势传播，吸引用户，利用微博造势，炒热话题。微博话题"为什么受伤的总是鸭""一只鸭的委屈"，并推出"周黑鸭不哭"系列海报，送周黑鸭上热搜。如下图所示。

周黑鸭的微博话题

妙招94：突然停电，备用应急

餐厅营业时，遇到店内突然停电，处理步骤如下。

一、安抚客人

餐厅营业时如果突然停电，服务员要保持镇静，首先要稳定客人的情绪，请客人不必惊慌，然后立即开启应急灯，或者为客人餐桌点燃备用蜡烛，并说服客人不要离开自己座位，继续进餐。

> **情景再现** ▶▶▶
>
> 　　傍晚，一家餐厅正在举办寿宴。天逐渐地暗了下来，寿宴正进行得热烈而隆重。突然，餐厅里漆黑一片，停电了。短暂的沉寂之后，迎来了此起彼伏的喊声："服务员，怎么停电了？""服务员，赶紧去看看！""服务员，什么时候来电？"……
>
> 　　领班小刘反应迅速，冲到库房抓了两包红蜡烛后飞奔回餐厅，并立即安排12名服务员站成两排，点燃蜡烛，整齐地排好，走到餐厅，同时他手持扩音器，说道："尊敬的宾客，幸福的寿星！今晚，我们餐厅特别策划送上别致、独特的烛光晚宴，祝寿星及来宾在此吃得开心！"霎时间，掌声雷动，整个餐厅充满了温馨浪漫的气氛。客人们非常高兴，赞不绝口。
>
> 　　服务员逐个把蜡烛放到烛台上，然后送到大厅的各个区域。宴会继续进行，气氛依然热烈。

二、了解原因，寻求解决办法

　　服务员马上与有关部门取得联系，搞清楚断电的原因，如果是餐饮企业供电设备出现了问题，就要立即派人检查、修理，在尽可能短的时间内恢复供电。如果是地区停电，或是其他一时不能解决的问题，应采取相应的对策。对在餐厅用餐的客人要继续提供服务，向客人表示歉意，并暂不接待新来的客人。

> **小提示：**
>
> 　　在平时，餐厅里的备用蜡烛应该放在固定的位置，以方便取用。如备有应急灯，应该在平时定期检查插头、开关、灯泡是否能正常工作。

妙招95：突发斗殴，及时制止

　　遇到餐厅发生打架斗殴事件，处理方法如下。

一、员工斗殴

如果是餐厅内部员工发生打架斗殴事件，要及时制止，针对事件原因做调查，将责任人送有关部门处理，同时上报上司。

二、客人斗殴

（1）一般来说，打架闹事的人多是出于一时的冲动，逞一时之勇，即使是故意、有目的的打架斗殴，只要服务员能及时、恰当地劝阻，一般都会解决。

> **小提示：**
>
> 服务员在劝阻客人打架闹事时，要注意方法，态度上要尊敬对方，言语上要用词恰当，自己不要介入到纠纷中去，不要去评判谁是谁非。

（2）视情况疏导旁边其他客人，将旁边的客人引导到其他区域，尽量保留单据，让客人结账。如因当时情况特殊，造成客人未结账，由店长负责处理并申报。

（3）制止打架斗殴，不但是为餐厅的安全和名誉着想，也是为打架的双方着想。如果闹事者是为捣乱而来，更应该保持冷静，而不要中了圈套。

（4）如果打架闹事者根本不听劝告，继续斗殴，情况比较严重的，餐厅应时拨打110报警，并注意保护现场以便审案时取证。

妙招96：醉酒闹事，冷静处理

喝酒闹事的新闻已经屡见不鲜了，尤其是在餐饮行业，面对醉酒客人闹事这类事情应该是家常便饭了，我们面对这样的事件时，应该如何更好地化解，才能既不影响到顾客，又不让自己受委屈呢？处理技巧如下。

一、观察

（1）观察客人的喝酒意图。如果是来故意买醉的，一定要想办法阻止；如果只是高兴，和朋友小酌几杯，一定要盯着酒量，防止其饮酒过度。

（2）观察客人的神情状态。如果看到客人已经开始面红耳赤、神情恍惚了，要停止供应含酒精的饮品，应建议提供一些无酒精的饮品（热茶等）。

（3）观察客人的情绪波动。如果客人情绪激动，应告知其同行的人劝其平静，并随时注意客人动态，防止发生暴力事件。

二、拒绝

客人喝多了酒，如果提出无理要求，比如让服务生帮忙买东西，清醒了就不认账，又比如要服务员陪喝酒等，一定要以合理并且直接的方式拒绝。

三、冷静

醉酒客人发生争执，服务员一定要冷静，要语气轻柔地劝告，要主动送热毛巾，隔离争执双方，搀扶醉酒客人到合适的地方休息或送他离开。服务员不要慌乱、不要急躁，更不要与客人发生冲突，这样既是维护客人，也保护了你自己。

四、及时

对客人的要求，服务员处理要及时；呕吐物清理要及时；遇事报告上级要及时；隔离矛盾双方要及时。

情景再现 ▶▶▶

老杜的餐厅今天来了一群客人，个个西装革履，气宇轩昂。刚开始客人比较平静，酒过三巡，客人有些面红耳赤了。

这时，其中一位客人过来拉服务员小薛，要求陪他一起喝酒。

小薛平静地说："实在不好意思，我是真不会喝酒，一沾酒就醉，那就没法为您提供优质服务了，请谅解。要不我以茶代酒，表示敬意，或者我也可以找个我们餐厅酒量大的跟您喝个尽兴？"客人便没再作声。

过了一会儿，这位客人的酒气上来了，开始击碗拍案，胡言乱语起来，小薛对客人的行为，既没有认可，也没有拂袖而去，只是淡淡地正色道："您看起来应该也是有身份的人，公众场合为难一个小姑娘难免有失身份吧。"客人露出一丝尴尬。

最后有两位客人酩酊大醉，吐了一地，小薛连忙扶他们到沙发上休息，又给他们递茶、倒水、送毛巾。事后，客人专程来餐厅道歉致谢。

妙招97：突遇盗抢，帮助查找

客人如在餐厅被盗、被抢，会觉得餐厅没有安全感，哪怕食物再好吃、价格再便宜，他也不会再光临了。不仅如此，他还会将这种感觉带给身边的亲戚、朋友，从而引起负面的连锁反应。所以客人放在身边的财物，服务员应提醒其注意看管，也可用椅背套将客人放置在身后的挎包盖住。客人在餐厅发生被盗、被抢，服务员应立即通知当班主管，同时通知保安部和当地派出所。

当发现客人被盗时，应做到以下6点。

（1）马上让客人检查和登记所丢失物品的形状、数量、价值，安排服务员按客人提供的线索找寻丢失物品。

（2）安慰当事客人和安抚其他在座的客人，平复他们内心的担心和不安。

（3）请受害客人留下联系电话和地址，以便有什么发现时可及时通知，并派人送其回家。

（4）第二天由经理打电话或上门向当事者进一步了解情况，如餐厅对此应负上一定的责任的话，应与客人协商，进行适当的赔偿。

（5）按商讨的结果将赔偿金或赔偿物，由经理送到当事人手中。

（6）把该客人列作VIP（贵宾）对待，当餐厅推出新菜式、举办相关活动时，向其发出邀请。

妙招98：意外受伤，紧急处理

在餐饮经营中，难免会发生顾客意外受伤事件，包括如图14-3所示的5种。

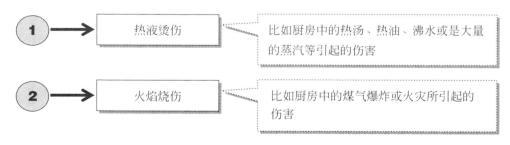

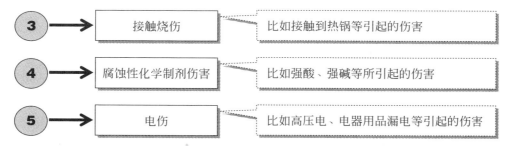

图14-3　餐饮企业中容易发生的意外受伤事件

一旦有客人或员工被烧烫伤，就要马上进行紧急处理。

一、烫伤的急救步骤

一旦发现客人烫伤，应立即按如图14-4所示的步骤急救。

图14-4　烫伤的急救步骤

1. 冲

将被烫的部位用流动自来水冲洗，或者直接浸泡在水中，使皮肤表面温度可以迅速降低。

2. 脱

将被烫伤的部位充分浸湿后，再小心去除烫伤表面的衣物，必要时可用剪刀剪开，如果衣物已经和皮肤发生粘黏现象，可以让衣物暂时保留，注意不要将伤部的水泡弄破。

3. 泡

继续将烫伤部位浸泡在冷水中，以减轻伤者的疼痛感，但不能泡得太久，应及时送到医院，以免延误治疗时机。

4. 盖

用干净毛巾将伤口覆盖起来，千万不可自行涂抹任何药品，以免引起伤口感染和影响医疗人员的判断与处理。

5. 医

尽快将客人送到医院治疗，如果伤势过重，则最好到设有整形外科或烧烫伤病科的医院。

二、烧伤的急救步骤

（1）如果客人身上着火，应该告知客人用双手尽量掩盖脸部，并让其立即倒地翻滚使火熄灭，或者立刻拿桌布等大型布料将着火者包住翻滚将火熄灭。

（2）等到火熄灭后，再按烫伤急救步骤进行处理。

三、腐蚀性化学制剂伤害的急救步骤

（1）无论是哪种化学制剂，都应该以大量的清水加以冲洗，而且清洗的时间至少要维持30分钟，才可以冲淡化学制剂的浓度，尤其当眼睛受到伤害时，更要立刻睁开眼睛用大量清水来冲洗。

（2）立刻送医院治疗。

四、电伤的急救步骤

（1）先切断电源或是用绝缘体将电线等物移开，接着应立即检查伤者是否有呼吸和心跳，如果呼吸与心跳停止，应该立即进行人工呼吸救助。

（2）若是电伤的伤害程度较深，应该直接送往医院急救。

妙招99：突然病倒，保持镇静

客人在餐厅用餐时，任何意外都有可能发生，突然病倒就是其中一项。遇到就餐客人突然病倒时，服务员应按照以下方法去解决。

（1）保持镇静。对于突然发病的客人，服务员要保持镇静，首先要打电话通知急救部门，再通知餐厅的有关部门，采取一些可行的抢救措施。

（2）如果客人昏厥或是摔倒，不要随意搬动客人。如果觉得客人躺在那儿不雅观，可以用屏风把他围起来。服务员还要认真观察客人的病情，帮助客人解开领扣、松开领带，等待急救医生的到来，随后按医生的吩咐，做一些力所能及的事情，协助医生的工作。

（3）对于有些客人在进餐过程中，或是进餐后尚未离开餐厅时，就突然出现肠胃不适等症状的情况，服务员要帮助客人叫急救车，或是帮助客人去洗手间，或是清扫呕吐物等。但是服务员不要急于清理餐桌，要保留客人食用过的食品，留待检查化验，以便分清责任。

（4）当客人突然病倒时，服务员不要当着客人的面随便判定，随便下结论，也不要自作主张地给客人使用药物。

妙招100：发生火灾，立即疏散

火灾可以说是公共场所中最严重的紧急事件，它所带来的生命财产的损失也最大。因此，各行各业都应该对火灾的紧急处理有一个正确的认识与了解，以防万一。

一、应急处理方法

（1）如遇店内火警，店员应立刻切断煤气及电源，如火势很小，可用灭火器灭火，不要惊慌失措。

（2）如火势大，无法控制，店员应立即拨打119报警处理，同时打开安全门，让客人迅速离开，店内员工应保持镇定，维持好秩序，并检查其余的地方是否有人逗留。

（3）如隔壁或楼上发生火灾，应查看火势大小是否会波及本店，处理方式同以上"（1）、（2）"两点，员工要保持镇定。

（4）电线走火除立刻切断电源外，不能用水灭火，以免火势蔓延，尽量采用隔离空气灭火。

（5）如果是煤气漏气，火势还不大时，应立刻切断煤气开关，打开门窗，并尽快切断火源、电源，以免发生爆炸。

（6）如果是煤气泄漏引起火灾，应先切断煤气开关，同时，降低周围温度，用泡沫灭火器灭火。

二、火灾疏散客人引导要领

（1）利用广播向客人告知火灾地点。

（2）最靠近火灾处所的客人优先疏散。

（3）老弱妇孺优先疏散。

（4）如果有浓烟时，用湿手帕或湿毛巾将鼻、口掩住，必要时使用室内消火栓射水援助。

（5）疏散时不可使用电梯。

（6）在火灾楼层下面的客人，指导至各安全（门）楼梯向下层疏散。

（7）在火灾楼层的客人，指导至离开火灾地点反方向安全（门）楼梯向下面楼层疏散。

（8）在火灾楼层上面的客人，如安全（门）楼梯间无烟火冒出时，指导向下面楼层疏散，如遇烟火时，则改由反方向的安全（门）楼梯向下面楼层疏散。

（9）指导疏散时要注意安全，不可混乱，而且必须大声呼叫、指示。

（10）疏散至安全地带后，严禁客人返回取物。

（11）关闭火灾区域的防火门，关闭防火门之前，要确认是否还有人在里面。

（12）检查厕所、店内是否还有人。

 相关链接

各种灭火器的使用方法

1. 泡沫灭火器

手提式化学泡沫灭火器使用时，应注意在未到达火灾现场时不能将灭火器过分倾倒，避免两种药剂（碳酸氢钠水溶液和硫酸铝水溶液）混合提前喷出。当距起火点约10米时，将灭火器倒置，一手握提环，一手抓住筒体底边，对准着火点即可喷出。

在使用泡沫灭火器灭火时，要注意以下事项。

（1）在喷射泡沫过程中，灭火器应一直保持颠倒的垂直状态，不能横置或直立过来。

（2）如果扑救可燃固体物质火灾，应把喷嘴对准燃烧最猛烈处喷射。

（3）如果扑救容器内的油品火灾，应将泡沫喷射在容器的器壁上，使泡沫沿器壁流下，再平行地覆盖在油品表面上。

（4）如果扑救流动油品火灾，应站在上风方向，尽量减少泡沫射流与地面的夹角，使泡沫由近而远地逐渐覆盖在整个油面上。

2. 干粉灭火器

（1）手提式干粉灭火器使用时，在离火几米远处，将灭火器立于地上，用手握紧喷嘴胶管，另一手拉住提环，用力向上拉起并向火源移近，这时喷嘴就会喷出一股带大量白色粉末的强大气流。

（2）推车式干粉灭火器一般由两人操作。使用时应将灭火器迅速拉到或推到火场，在离起火点大约10米处停下，一人将灭火器放稳，然后拔出开启机构上的保险销，迅速打开二氧化碳钢瓶，另一人则取下喷枪，迅速展开喷射软管，然后一手握住喷枪枪管，另一只手勾动扳机，将喷嘴对准火焰根部，喷粉灭火。灭火方法同手提式灭火器。

在室外使用干粉灭火器时，应占据上风方向喷射。

3.二氧化碳灭火器

（1）手提式二氧化碳灭火器使用时，可手提灭火器的提把，或把灭火器扛在肩上，迅速赶到火场。在距起火点大约5米处，放下灭火器，一只手握住喇叭形喷筒根部的手柄，把喷筒对准火焰，另一只手或者旋开手轮，或者压下压把，二氧化碳就喷射出来。

（2）推车式二氧化碳灭火器使用时，一般应由两人操作。先把灭火器拉到或推到火场，在距起火点大约10米处停下，一人迅速卸下安全帽，然后逆时针方向旋转手轮，把手轮开到最大位置，另一人则迅速取下喇叭喷筒，展开喷射软管后，双手紧握喷筒根部的手柄，把喇叭筒对准火焰喷射。其灭火方法与手提式灭火器相同。

在灭火时，要注意以下事项。

——灭火时应注意在密闭的空间内要采取防止人员窒息的措施。

——灭火时应处于上风方向喷射。

——使用前需要将气瓶颠倒几次。

——滞时时间1～4秒。